箭气长红
休 斯 敦 火 箭 传
HOUSTON ROCKETS

冯逸明主编

世界知识出版社

图书在版编目（CIP）数据

箭气长红：休斯敦火箭传 / 冯逸明主编 . —北京：
世界知识出版社，2018.12
（钻石豪门传记系列）
ISBN 978-7-5012-5842-0

Ⅰ . ①箭… Ⅱ . ①冯… Ⅲ . ①篮球运动 – 俱乐部 – 概况 – 美国
Ⅳ . ① G841.671.2

中国版本图书馆 CIP 数据核字（2018）第 276742 号

责任编辑	余　岚　刘　喆
责任出版	赵　玥
责任校对	张　琨
封面设计	冯逸明
书　　名	箭气长红：休斯敦火箭传 Jianqi Changhong：Xiusidun Huojian Zhuan
主　　编	冯逸明
出版发行	世界知识出版社
地址邮编	北京市东城区干面胡同 51 号（100010）
销售电话	010-65265923　　010-57735442
网　　址	www.ishizhi.cn
经　　销	新华书店
印　　刷	三河市嘉科万达彩色印刷有限公司
开本印张	710mm×1000mm　　1/16　　14 印张
字　　数	224 千字
版次印次	2019 年 2 月第一版 2019 年 2 月第一次印刷
标准书号	ISBN 978-7-5012-5842-0
定　　价	49.80 元

■版权所有　翻版必究

（如有任何印刷装订质量问题请联系 0316-3156777 调换）

箭气长红
HOUSTON ROCKETS

休斯敦火箭传 · · · · · · · · · · · · · · · · 17

第一章
铸箭圣地 · 19
1 创于圣迭戈的新军　　2 掷硬币得来海耶斯
3 将帅不合陷泥沼　　　4 迁徙休城为转运
5 君走兮沉沦如昨

第二章
摩西降临 · 37
1 休城青年军崛起　　　2 摩西·马龙来了
3 意外梦魇毁前程

第三章
未竟之旅 · 49
1 一飞冲天屡折腰　　　2 连挫强敌路途险
3 巅峰憾负"绿衫军"

第四章
"大梦"起兮 · · · · · · · · · · · · · · · · · 61
1 失摩西等"双塔"　　　2 "双塔"合璧擎天起
3 冲天之旅多磨难

第五章
梦幻时代 · 73
1 火箭步入梦时代　　　2 伤病压垮紫金梁
3 帮主归隐群雄起

第六章
双冠巅峰 · 85
1 力挫尤因第一峰　　　2 双雄联手卫冕路
3 死亡之吻克太阳　　　4 得州内战斩上将
5 巅峰戏鲨两冠成

第七章
王朝难觅 · · · · · · · · · · · · · · · · · · · 105
1 火箭再组"三巨头"　　2 王朝坍塌终难觅

第八章
姚明降临 · · · · · · · · · · · · · · · · · · · 115
1 弗朗西斯与莫布里　　2 姚明降临休斯敦
3 决"鲨鱼"火箭遭败绩

第九章
"姚麦"时代 · · · · · · · · · · · · · · · · · 127
1 创神迹的35秒13分　　2 "姚麦"鏖战达拉斯
3 重磅引援终成空

第十章
星陨明灭 · · · · · · · · · · · · · · · · · · · 141
1 二十二胜写春秋　　　2 麦迪伤重姚挂帅
3 七战湖人玉柱倾　　　4 "姚麦"离去风流云散

第十一章
"魔登组合" · · · · · · · · · · · · · · · · · 157
1 哈登空降"航天城"　　2 "魔登组合"现休城
3 沉快船火箭展神威　　4 登哥迷恋卡戴珊
5 德帅开启跑轰魔方

第十二章
"灯泡"亮了 · · · · · · · · · · · · · · · · · 175
1 迎保罗"灯泡"终闪亮
2 伤保罗火箭止步西决
3 "安灯泡"只是昙花一现
4 单锋哈登开启杀神模式

休斯敦火箭将星录 · · · · · · · · · · · 191
1 卡尔文·墨菲　　　　2 鲁迪·汤姆贾诺维奇
3 埃尔文·海耶斯　　　4 摩西·马龙
5 哈基姆·奥拉朱旺　　6 克莱德·德雷克斯勒
7 史蒂夫·弗朗西斯　　8 姚明
9 特雷西·麦克格雷迪　10 詹姆斯·哈登

休斯敦火箭荣耀数据榜 · · · · · · · 221
退役球衣 / 火箭档案 / 吉祥物 / 主场球馆

永远不要低估
　一颗总冠军的心。

谈到休斯敦火箭，
我们必须从那群山连绵的中锋时代传承逐一谈起……

1968年还在圣迭戈的火箭队选中队史上第一个伟大中锋，一个以敏捷的移动和精准的中投著称的得分手——"大E"埃尔文·海耶斯，至今他仍然在NBA总得分榜上名列前茅。

1976年10月24日，休斯敦迎来第二个天王级中锋摩西·马龙，他是一个高效的得分手，还是NBA史上最强大的前场篮板天王。

1983年、1984年，他们连续抽得状元签，一支签为他们带来了拉尔夫·桑普森，一支签为他们带来了哈基姆·奥拉朱旺。NBA史上统治力空前的"双塔"阵容让休斯敦光速反弹。

奥拉朱旺脚步如神，无人可敌。总决赛，他大战尤因，进攻端取得完胜，在1994年钢铁之战中胜出，夺取队史第一个总冠军。

1995年火箭在常规赛仅排名第六，季后赛首轮更是濒临淘汰的边缘，但火箭逆势而上，西部决赛奥拉朱旺对阵大卫·罗宾逊，以场均35分打得后者躲进更衣室，火箭队六场晋级，最后更是直落四局，横扫了拥有沙奎尔·奥尼尔和哈达威的奥兰多魔术。

两连冠达成，汤姆贾诺维奇留下流传千古的一句话："永远不要低估一颗总冠军的心。"这是火箭历史最巅峰的写照。

2002年到2009年，火箭进入姚时代。姚明是中国篮球史上最伟大的球员，他早已超越体育本身，象征着一种高大、敦厚、勤奋、温和、坚韧、睿智的东方美德。他将这些美好的元素带进了NBA世界，征服了那里的观众。球场上，他灵动的蝴蝶舞步和羽毛般轻盈柔和的手感将他和任何人区分开来，让篮球王国的才俊们望峰息心。

因为姚明的存在，休斯敦火箭甚至比肩湖人、凯尔特人、公牛等老牌豪强，忽然间成了地球东西两个大国最耀眼的明星球队。至此，火箭不再是一个俱乐部的名字了，对于中国的观众而言，它的名字意味着亲切的归属感。

火箭连胜场次纪录

22
HOUSTON ROCKETS

2008年1月30日到3月17日，火箭队豪取22连胜，缔造当时NBA第二长连胜，仅次于湖人的33连胜。虽然此项纪录后来被2013年热火的27连胜、2016年勇士开季的24连胜所超越，但22连胜对于火箭而言，是一座高山仰止的里程丰碑。

火箭半场得分纪录

94
HOUSTON ROCKETS

2017年11月17日，火箭挑战太阳，上半场拿到90分，创火箭队史第二高的半场得分。1991年1月11日，火箭曾在与掘金的比赛中，下半场拿到94分。

单场三分命中数纪录

26
HOUSTON ROCKETS

2018年12月20日，火箭挑战奇才，全场命中26记三分球，打破了NBA单场三分命中纪录。之前这项纪录是2017年3月4日骑士在对阵老鹰时投中的25记三分。

2 两届总冠军

火箭队历史上共获得两次NBA总冠军，分别在1994年、1995年。

1994年总决赛，休斯敦火箭队4比3击败尤因镇守内线的纽约尼克斯队，为"航天城"带来体育界的第一座总冠军奖杯。

1995年总决赛，休斯敦火箭队4比0击败奥尼尔领衔的奥兰多魔术队完成卫冕，豪取两连冠。

值得一提的是，奥拉朱旺还包揽两届总决赛MVP奖杯。

中锋传承

后排左起 ● 姚明 Yao Ming/ 效力火箭：2002—2011 年 ● 德怀特·霍华德 Dwight Howard/ 效力火箭：2013—2016 年 ● 埃尔文·海耶斯 Elvin Hayes/ 效力火箭：1968—1972 年、1981—1984 年
前排左起 ● 拉尔夫·桑普森 Ralph Sampson/ 效力火箭：1983—1987 年 ● 哈基姆·奥拉朱旺 Hakeem Olajuwon/ 效力火箭：1984—2001 年

大梦

HAKEEM OLAJUWON

繁复华丽的脚步令人如坠梦中，当他踏着优雅的舞步晃过20世纪90年代，你才发现被他戏耍的是那个十年引以为傲的整个中锋群。"大梦"还夺下乔丹时代唯一遗失的两座NBA总冠军奖杯。

"大梦"是NBA最独特奇绝的中锋，列四大中锋之首。他优雅灵动，气象万千；早期如烈火无坚不摧，后期如水银无孔不入。他是场上的第一进攻选择，用脚步和投篮随时砍下30分，梦幻脚步俨然是NBA史上最经典的个人特技。他是球队第一防守者，协防无处不在，盖帽、篮板一把抓。他是球队第一组织者，火箭的进攻需要他来运转。作为一个中锋，他居然还擅长抢断，是总抢断榜前十名中的唯一内线。正如他的绰号，梦耶幻耶，幻象无数，无处不在，无所不能，"大梦"乃是中锋中"魔术师"和科比的结合体。

"姚麦组合"曾经带给人们无尽的遐想，留下的却只是无尽的遗憾。他们的天赋和实力堪比如日中天的"OK组合"，然而伤病成为制约他们腾飞的祸首。

我们也都记得，首个赛季麦迪场均砍下25.7分、6.2个篮板、5.7次助攻的骄人数据，而我们中国的大个子也能场均得到18.2分、8.4个篮板。那个时候，我们兴奋地畅想着，想象着他们的下一个赛季，尽管他们季后赛止步首轮。

但是，这样幸福的时刻并不长久，尽管两人的磨合日趋成熟……

他们携手打出"状元中锋＋连庄得分王"应有的数据，但始终无法更进一步。这对患难兄弟因为饱受伤病困扰，始终无法取得与之匹配的荣耀，22连胜则是他们一生荣焉的辉煌。有时候，你会不会去想，如果光阴可以重来，如果"姚麦组合"健康无虞，那么NBA的历史是否会重新书写……

可惜，没有如果。

姚麦组合

- 合作年份：2004—2009年
- 联手最高成就：季后赛第二轮
- 联袂取得荣誉：22连胜队史纪录
- 巅峰一季：2006/2007赛季

姚明：场均25.1分 10.3个篮板 2.0次盖帽
麦迪：场均25.3分 5.9个篮板 7.3次助攻

灯泡组合
- 合作年份：2017年至今
- 联手最高成就：西部决赛
- 联袂取得荣誉：17连胜
- 巅峰一季：2017/2018赛季
  哈登：场均30.4分5.4个篮板8.8次助攻
  保罗：场均18.6分5.4个篮板7.9次助攻

灯泡 火箭双人组

只有哈登的火箭,是一支西部劲旅,但保罗到来时,则让火箭成为一支总冠军级别的球队,这是有本质区别的。当哈登和保罗站在一起,火箭开始脱胎换骨。

当火箭拥有两个后场组织核心,同时又拥有两个关键时刻的巨星攻击手时,球队的进攻将行云流水,协作能力、战术执行力都将得到质的飞跃,这就是神奇的"双核聚变"!有了保罗并肩作战之后,哈登百尺竿头更进一步,场均砍下30+,甚至豪取60+历史级别"大三双",将得分王与常规赛MVP收入囊中。

保罗场均能够稳定拿下18分、8次助攻,他在攻防两端的智慧弥足珍贵,并且多次在关键时刻一锤定音,他和哈登带领火箭以傲人的战绩领跑联盟。

同时"灯泡组合"还让身边的队友变得更好,卡佩拉打出"15+11"的千万身价表现,杰拉德·格林成了西部最冷血的关键杀手,埃里克·戈登几乎重返巅峰。这就是保罗联手哈登之后的神奇。

●文：韦伯三世

箭气长红
Houston Rockets
休 斯 敦 火 箭 传

第一章
铸箭圣地

箭气长红／休斯敦火箭传

 箭气长红　　　　　　　　　休 斯 敦 火 箭 传

创于圣迭戈的新军
1967/1968

1967年，崇尚自由竞争的美国人民，创立了一个与如今称霸世界篮球舞台的NBA联盟分庭抗礼的篮球联盟——ABA（美国篮球协会）。从此开始了两个联盟之间将近十年的抗争。可以说，NBA的空前繁荣加速了ABA联盟的横空出世，毕竟在金钱万能的资本主义社会，你可以打造一个繁花似锦的NBA，我一样也可以金钱开路，烧出一个风起云涌的ABA！

不仅如此，我还要从你们手中横刀夺爱！于是乎，刚一建立的ABA立马从NBA联盟手中分得一杯羹，先后在NBA尚未来得及布局的大城市达拉斯、丹佛、休斯敦、奥克兰等地开始筹建球队。不仅如此，ABA还请来NBA首位超级中锋乔治·麦肯担任联盟首席总裁，从旧金山勇士队挖来刚刚荣膺新科得分王的里克·巴里加盟奥克兰橡木队，大有将两人打造成为联盟代言人的意思。

嗅到了危险的味道，为了对抗ABA的扩张，NBA自然也重磅布局，火箭队也正是在NBA的扩张布局下应运而生。球队成立时，却不是在如今的休斯敦航天城，而是在如今美国的第八大城市——圣迭戈。

在南抵圣迭戈湾畔、眺望墨西哥的奇妙风景时，这支球队悄然组建起来，然而迎接他们的却是无比残酷的现实。

在任何一个世道，新生力量往往起步都异常艰难，初建的圣迭戈火箭队，没有老球队的丰厚底蕴，虽然他们用状元签摘下了帕特·莱利，但球队之中毫无可用之人——首发阵容中，中锋约翰·布洛克、大前锋唐·科伊斯、小前锋约翰尼·格林、得分后卫亚·麦克格洛克林、组织后卫约翰·巴恩希尔均是籍籍无名之辈；主教练是由球队经理杰克·麦克马洪兼任，基本等于半路出家；替补球员水平基本都是游走于职业和业余之间，就连球队助理、训练师、队医也没有任何出众之人。

彼时的火箭队，简直就是一群乌合之众。

1967年10月14日，在圣迭戈体育馆7476名观众面前，这支杂牌军上演了他们的处子战。此战他们出师不利，却也打出了一些风骨，以98比99一分之差败给了当时的圣路易斯老鹰队，虽然惜败，但毕竟一支新军能够将彼时的季后赛球队逼到这个地步，

第一章 / 弩箭圣地　　HOUSTON ROCKETS

确实已经殊为不易。

圣迭戈球迷被这场比赛吊起了胃口，他们都希望看到自己的主队能够创造一些奇迹，比如在第一个赛季就杀入季后赛等。但随后的比赛，他们刚刚升起的希望就被现实彻底粉碎了。圣迭戈火箭很快原形毕露，前16场比赛，他们狂输14场，一直挨到圣诞节到来，他们才迎来整个赛季第10场胜利。整个赛季，他们都被其他球队肆意蹂躏，几乎溃不成军，开始疯狂向联盟倒数第一冲刺。

待到1967/1968赛季结束，他们只获得15胜67负的战绩，联盟当时最多负场纪录由他们一手开创，这也正是他们作为"联盟鱼腩"的真实实力展现。而作为和他们一起加入联盟的西雅图超音速——他们的难兄难弟，也好不到哪里去，整个赛季也不过获得23胜，但他们还是有着不错的心理优势，怎么说也比火箭要强上一些。

不过也有好消息传来，因为圣迭戈火箭惨不忍睹的战绩，他们成功地将状元签收入囊中，这也许是他们真正的转机吧。

1967/1968赛季的NBA，当真是群雄逐鹿，一手遮天的"张大帅"迅速完成从中锋向后卫的转型，不再狂揽100分的他将更多的精力投入到防守和组织策应中去，场均抓下23.8个篮板球的同时，更是疯狂送出8.6次助攻，成功当选联盟历史上身材最高的助攻王。

活塞的戴夫·宾也抓住巴里跳槽ABA的绝佳良机，疯狂得分，斩获当季得分王的荣光，成为1948年到那时为止首个将此头衔收入囊中的后卫球员。

彼时的76人更是风生水起，以62胜20负的绝佳战绩成为东部霸主。而彼时受到

 休 斯 敦 火 箭 传

K.C. 琼斯退役影响的"绿衫军"已经日趋老态龙钟，他们常规赛落后76人8个胜场，似乎由奥尔巴赫一手缔造的王朝已经走向日暮西山。哪知道季后赛却是另一番景象，两队在东部决赛的相遇，本是76人3比1抢占先手，却被坚韧的"绿衫军"死缠烂打拖入第七场，生死攸关的时刻，拉塞尔一显王霸本色，"廉颇老矣，却能饭"——命中关键罚球、封盖对手投篮、抓下篮板，并以一记流传古今的助攻送76人回了老家，最终带领球队重返总决赛。

而那一年，紫金湖人一路磕磕绊绊，备受伤病侵袭，最终决赛以2比4输给突然返老还童的凯尔特人，目送"指环王"再添一枚新戒指。

这些与圣迭戈这支新军却再也没有任何关系，火箭队蛰伏于此，静静地等待，等待一个通天彻地的大能带领他们征战江湖。

谁也未曾料到，这位大能，就在不远的下个赛季降临圣迭戈。而降临的方式，却又是那般奇妙。

HOUSTON ROCKETS

掷硬币得来海耶斯

1968/1969

有时候，真的觉得天意这东西隐隐存在。譬如火箭队如愿获得"大E"埃尔文·海耶斯这件事，很难说这不是天意为之——彼时NBA的状元秀花落谁家，是由东西部两支战绩最差球队掷硬币一决胜负的。

而圣迭戈火箭以及后来的休斯敦火箭都是通过这种方式"战胜"对手，从而将"大E"和"大梦"领回了家，从而开始一段由传奇中锋带领球队登上巅峰的精彩旅程。

当然作为掷硬币比赛的失利方，彼时的巴尔的摩子弹队也颇为走运，虽然他们拦截海耶斯失利，却也将另一名传奇中锋昂塞尔德带回巴尔的摩。然而若干年后，海耶斯却主动投身他们，与昂塞尔德联手一度横扫整个联盟，这又是一则后世广为传颂的趣谈了。

只是在当时，欣喜若狂的圣迭戈人根本没时间去考虑以后，他们所能看到的就是海耶斯，这个看起来无所不能的内线大闸终于落户圣迭戈。他们所希冀的也不过是海耶斯能够带领他们咸鱼翻身，带领球队成功完成从"杂牌军"向"正规军"的转变。

他们的希冀并非全无理由，尽管彼时海耶斯不过是一个刚进入联盟的"雏儿"，但

"大 E"的威名却早已响彻美利坚的上空。

海耶斯在他的大学时期已经成为无数球迷和球探关注的对象，最早他的声名鹊起其实源于一场与"天勾"贾巴尔的巅峰对决。彼时他尚在休斯敦大学打大学联赛，那场比赛对阵加州大学洛杉矶分校，对方的头牌就是"天勾"。全场比赛，双方打得难解难分，一直到终场前 28 秒，双方还以 69 比 69 战平。不过最后时刻，海耶斯挺身而出，以两记精准的罚球，帮助自己的球队锁定胜利，也彻底让加州大学洛杉矶分校 47 连胜的疯狂战绩彻底终结。而海耶斯更是以全场 35 分、15 个篮板的傲人数据力压贾巴尔的 15 分、12 个篮板。

那场比赛以后，无论是 NBA 还是 ABA 的球队都盯上了海耶斯，这样一个潜力无穷的年轻人，谁不垂涎欲滴，谁不想要招入帐下。更可怕的是，海耶斯的精彩表现绝非昙花一现，整个赛季，他场均砍下 36.8 分，其疯狂的得分能力，更是让所有球队都心念大动。

于是，当圣迭戈火箭在掷硬币胜出之后，他们第一时间将"大 E"招入麾下，哪怕他的身后是看起来毫不逊色的昂塞尔德。

事实证明，圣迭戈人的眼光无比精准独到，海耶斯的到来迅速盘活了之前还一潭死水的圣迭戈。整个 1968/1969 赛季，他疯狂出战 3695 分钟（平均每场 45.1 分钟），场均暴砍 28.4 分、17.1 个篮板，一举夺下得分王头衔的同时，更生生把上赛季仅为 15 胜 67 负、联盟垫底的火箭队的战绩提高了整整 22 个胜场。火箭队最终以 37 胜 45 负位列西部分区第四，力压芝加哥公牛队、西雅图超音速队和菲尼克斯太阳队，成功杀入季后赛。

海耶斯的疯狂表演让整个联盟都大惊失色，所有人都预见了海耶斯的优秀，但却没有人想到他竟然如此优秀。作为一个新秀，他竟然能够凭借一己之力将一支"鱼腩球队"带入季后赛，这样的壮举，恐怕无论历史上哪位超级球星也未必能够做到吧。

1969 年这一年，海耶斯成功地向世人证明，身高只有 2.06 米的他，能够在张伯伦、拉塞尔、里德一干巨人之间来去自如，甚至得分篮板也如同探囊取物。

这一年，圣迭戈火箭队也逐渐蜕变为一支让人尊敬的球队，尽管他们的实力依旧只能说是羸弱，大赛经验更是无从谈起，但他们在"大 E"的带动下，已经逐步开始凝聚为一个整体，并开始展现出"骨子里的强硬"。

尽管，他们在季后赛首轮面对老辣的亚特兰大老鹰有些束手无策——在客场先输两场，不过回到主场后，火箭找回了得分的感觉，连下两城，赢得了第三场、第四场比赛。

然而，老鹰在自己家门口赢得了第五场比赛，并且又在圣迭戈与火箭战斗到了最后一刻——108比106，老鹰虽然终结了火箭的首次季后赛之旅，却也惊出一身冷汗。

而火箭在整个1968/1969赛季，尤其是季后赛展现出来的拼搏精神，正是竞技体育内涵的最佳解读。

他们，虽败犹荣。

不过，圣迭戈人也有一些不太满意的地方——他们的新领袖海耶斯似乎不太受联盟官方的待见，他的新秀赛季表现看起来要比同级的昂塞尔德强上不少（昂塞尔德当年场均13.8分、18.2个篮板），带队战绩也是同样的季后赛首轮游，但是联盟却莫名其妙地将这个赛季的最佳新秀和MVP都颁给了昂塞尔德。

火箭的又一次赛季旅程宣告结束，但他们已经比上个赛季强大多了，并且，这只是他们的第二个赛季，也是他们的领军人物的新秀赛季。

未来会有怎样的精彩呢？这支圣迭戈的球队又会撰写怎样的传奇呢？

所有的人似乎都已经按捺不住内心的期待，希望那一天赶紧到来。

休 斯 敦 火 箭 传

将帅不合陷泥沼

1969/1970—1970/1971

1968/1969 赛季的 NBA 充满着传奇。

除了引人瞩目的状元秀海耶斯带领圣迭戈火箭的首次季后赛之旅，总决赛的"绿衫军"对战"紫金王朝"更是曲折离奇，让人精神亢奋、血脉偾张，世仇的双方一直厮杀到最后一刻，直到唐·尼尔森随手一抛的离奇绝杀，才以"绿衫军"的侥幸胜利宣告结束。

而那个赛季结束后，"指环王"比尔·拉塞尔在斩获自己职业生涯第 11 枚总冠军戒指之后，正式宣告退役，从此 13 年内 12 次杀入总决赛 11 次登顶成功，其中甚至还有一次可怕的八连冠的凯尔特人王朝，在万众崇敬的目光下，徐徐落下了帷幕。NBA 整个 20 世纪 60 年代，凯尔特人独霸江湖的格局也随之打破，群雄混战、逐鹿中原的 20 世纪 70 年代也正式开启。

而恰恰在拉塞尔退役的时候，仿佛接受了上帝旨意一般，另一个超级中锋卢·阿尔辛多，也就是后世被无数人赞颂的"天勾"贾巴尔，也正式加入联盟。1969 年的选秀大会也因为他的加入瞬息间波涛汹涌，这一次雄鹿队赢得了掷硬币比赛，将这位天之骄子收入帐下。而贾巴尔也投桃报李，仿佛针对海耶斯当年打爆他的行径，展开了报复之旅——他带领雄鹿队一飞冲天，以 56 胜的战绩完成了上赛季联盟垫底球队向超级球队的逆转旅程。

也许是受到了联盟混乱势态的影响，原本看起来就要在海耶斯带领下一飞冲天的圣迭戈火箭却突然再次陷入了沉寂。他们整个赛季失魂落魄，完全找不到上个赛季异军突起的影子。连败，偶尔偷得一场胜利，然后再次陷入连败泥潭，虽然偶尔在海耶斯的带领下露出峥嵘，却很快又恢复"鱼腩"本色。整个赛季，他们最终以 27 胜 55 负的糜烂战绩收官，排在联盟倒数第一，早早回家钓鱼。

或者，这就是新军成长的必然轨迹，一如蹒跚学步的孩童，偶尔一路小跑之后，又回到最初的寸步难行。

但火箭的堕落，更多地还因为一个人——埃尔文·海耶斯！对，就是这个在之前赛季一手将圣迭戈球迷带入天堂的超级中锋。1969/1970 赛季，海耶斯已经快速完成向超级中锋的蜕变，他场均砍下 27.5 分的同时摘下 16.9 个篮板，荣登篮板王宝座。然而，某

26

 箭气长虹　　　　　　　　　　　　　　　　休　斯　敦　火　箭　传

种意义上，他却是圣迭戈火箭飞快堕落的罪魁祸首。

一切的起源都是因为在 1969/1970 赛季开始之前，圣迭戈火箭队的第一位主教练杰克·麦克马洪的离开。这位主教练在执教期间仅仅带领球队取得 61 胜 129 负的战绩，而且执教经验、临场应变也相对有些平庸。之前球队初建，他兼任球队经理和主教练两个职位，本打算慢慢囤积球员，逐步完成球队蜕变。不想海耶斯从天而降，一路犹如天神降临，大杀四方，竟然带领球队杀入季后赛，完成壮举。麦克马洪对海耶斯自然珍之重之，视其为球队建立的基石，也自觉自己在执教球队和培养球队方面大有不足，于是萌生退意，请来阿莱克斯·汉纳姆作为球队主教练，掌舵圣迭戈的未来航向。

麦克马洪万万没想到自己的如意算盘并未打响，反倒带来一桩祸事——汉纳姆和海耶斯之间竟然矛盾重重。这要从海耶斯的性格说起，他出生在一个只有 5000 人的山上小镇，小镇叫瑞维勒，是典型的美国乡下。和今天所有出生在城镇和城乡接合部的少年一样，小时候他们都过着平淡的日子，没见过什么世面，都有着淳朴善良的内心，但也有着一些让城里人看不起的"乡下佬"习惯。

加入火箭之初，就有些球员对海耶斯的行为举止颇不欣赏。海耶斯特别容易相信别人，根本不懂得区分别人的话语是否发自内心，分不清哪些是虚与委蛇，你说什么他就信了，然后锲而不舍地把你当朋友，给你提意见，帮你忙活来忙活去，一开始还好，时间长了，很多人对他"穷追猛打"的性格就有些吃不消了。

而刚担任主教练的汉纳姆骨子里甚至有些瞧不起海耶斯，时间长了，哪怕海耶斯再木讷，也终于感受到了主教练的轻视，而生性颇为倔强的海耶斯就直接和主教练"杠上了"。两人经常在其他球员面前你一句、我一句地互相攻击，球队内部氛围自然极为不和谐，球队战绩也自然一落千丈。

直到 1970/1971 赛季，球队将新秀卡尔文·墨菲招入帐下，球队战绩才有所好转，在球场之上，他能够为海耶斯不断输送炮弹，球场之下他也能够主动为海耶斯调节与主教练及其他球员之间的矛盾。那个赛季，海耶斯在墨菲的帮助下，场均砍下 28.7 分，而墨菲也有 15.8 分入账，球队战绩也随着两人的珠联璧合而回暖——40 胜 42 负，相较海耶斯和汉纳姆不和的 1969/1970 赛季，战绩也算大有进步，然而他们却因为全新的分区赛制规则（东西部每个分赛区前两名才能够进入季后赛）与季后赛失之交臂。

而这次争夺季后赛名额的失利，让海耶斯刚刚有所舒缓的心情彻底差到了极点。

迁徙休城为转运
1971/1972

1971/1972赛季的NBA再次开始了大肆扩张的脚步,在这个赛季,布法罗勇敢者队、克利夫兰骑士队、波特兰开拓者队一起加入了联盟。其中开拓者队被分在了西部,而另外两支球队则归属东部联盟。NBA联盟旗下球队已经扩张到17支,联盟也首次在东西联盟之下规划出了四大分区,其中东部联盟之下为大西洋赛区、中部赛区,而西部联盟之下则是中西赛区和太平洋赛区——今日的NBA在那时终于逐渐形成雏形。

而经历过前两个赛季洗礼沉浮的圣迭戈火箭队,也开始筹谋自己的下一步规划,他们迎来了球队的新老板房地产经纪人维恩·杜德尔斯顿和银行家比利·戈德伯格。两位新老板用560万美元的"巨资"将火箭队收入囊中,但他们对圣迭戈的球迷热情并不满足,他们希望把球队迁往球迷数量更为众多的"航天城"休斯敦。而促使他们这么做的另一个重要原因就是,球队当家球星埃尔文·海耶斯正是休斯敦的城市英雄。海耶斯出生在那里,并就读于休斯敦大学,而"BIG E"也正是在休斯敦大学横空出世,在他的带领下球队成为大学联赛中无可匹敌的劲旅,这也包括1968年NCAA(全国大学体育协会)总决赛上他带领休斯敦大学击败加州大学洛杉矶分校,挫败贾巴尔的那一次惊天之举。

两位老板算计得很清楚,他们认为凭借海耶斯在休斯敦的非凡人气,球队一旦搬到这里一定会获得超高上座率,他们也会因此大发横财,赚得盆丰钵满。

长期担任火箭队总经理职务

的雷·帕特森就曾经说过:"老板们记得 1968 年对加州大学洛杉矶分校的那场比赛,海耶斯让太空巨蛋球馆涌进了 5 万人,所以他们就盘算着,'这一人 10 美元门票,5 万人就是每晚 50 万美元啊'!"

计议已定,两人果断抛弃圣迭戈,带着球队搬迁到了休斯敦。而圣迭戈也因此一蹶不振,很久都没有一支职业篮球队落户,直到 1975 年 ABA 遭遇重大财政危机,被迫与NBA 合并,才有一支球队来到圣迭戈,1978 年那支球队才正式宣布启用现在的名字——快船。

当然这是后话,暂且不表。且说火箭队终于如两位老板所愿搬迁到了休斯敦,迎接他们的却并非如他们想象那般——这里的球迷似乎对篮球并无太高的兴趣热度,球馆人气和上座率照比圣迭戈甚至犹有不及。加上火箭队上下似乎也被球队搬迁影响了士气,开局就是一个六连败,打得糜烂,更让球馆上座率持续低迷。

整个 1971/1972 赛季,球队主场的上座人数平均只有每场 4966 人,球场空空荡荡,球迷热情不高,连为主场球队欢呼加油的戏码都欠奉,一场比赛下来,只有解说员无精打采的声音在球馆上空飘荡。

为了让主场上座率有所提升,火箭队没少折腾,他们先后将比赛主场安排在休斯敦市内的太空巨蛋体育馆、太堂堂体育馆,以及休斯敦大学内的霍夫海因斯球馆、周边卫星城韦科,但都没有收获任何起色。两个老板把心一横,干脆把比赛安排到了圣安东尼奥的半球球馆——结果,依旧如前。

当时球队在韦科比赛的时候,甚至传出一个笑话。有个周三晚上火箭队主场作战,小城当地教堂里参加礼拜的人,竟然比主场球迷还要多得多。当时火箭队主场包厢里只有一个人,而这个人居然从比赛开场就开始呼呼大睡,直到比赛结束,才施施然醒来,连比赛结果都没看,就回家了。

球票卖不动,球队自然入不敷出,两个刚刚收购了火箭队的"倒霉蛋"对坐无言,只有苦笑。更让他们火冒三丈的是,球队的战绩似乎越发没有下限了。

那个赛季,他们不惜重金请来了大名鼎鼎的"三角进攻之父"泰克斯·温特担任球队主教练。这一举动,无疑也是在向和之前主教练汉纳姆不和的球队核心海耶斯示好,然而海耶斯似乎并不买账。

之前的三个赛季,他和球队主教练以及球队之间的裂痕已经清晰存在了。这源于火箭队糜烂的战绩,大部分的责任都被媒体和队友抛向了他。本就不善于处理人际关系的

海耶斯,一向有些孤僻怪异,根本没有融入火箭队。而一旦遇见失利,媒体就向他兴师问罪的态度,也让他不胜其烦。

到了1971/1972赛季两个老板接手时,彼此双方的矛盾虽然没有明朗化,却已经到了无法弥补的地步。海耶斯依旧尽心尽力地为球队奉献着全部,但内心却已经不再想要为这支球队继续卖命了,也不想和球队其他人进行更多交流,因此尽管他场均依旧得到25.2分、14.6个篮板、3.3次助攻,尽管卡尔文·墨菲和鲁迪·汤姆贾诺维奇为其打下手,但战绩却只有34胜48负,甚至还不如上一赛季。

而糜烂的战绩,让海耶斯更加心灰意冷,甚至一度失去了打球的兴趣。"我对这一切简直烦透了。"若干年后,回想当时的情况,海耶斯如是说道,"我住在拉荷亚山地,每天晚上很晚开车回家,我开得飞快,很多次我都想直接冲出公路,一了百了算了。"

同样满心冰凉的则是火箭队这两位新任老板,球队战绩不堪入目也就算了,他们是商人,只要球票卖得好也行,问题是球票销售业绩更让人不忍直视。回头再看看心灰意冷的当家球星,两人的气就不打一处来,你不是城市的英雄吗?怎么这么点号召力都没有?都没有人愿意来看你的比赛了,你还嘚瑟个什么劲儿,还装什么心灰意冷?

两位老板看海耶斯的眼神也随着海耶斯逐渐冰冷下去的雄心,一点点冰冷了下去。

君走兮沉沦如昨

1972/1973—1973/1974

1971/1972赛季的火箭队在一片混乱中结束了自己的赛季征程，诚然海耶斯作为球队核心领军人物难辞其咎，但两位老板突如其来的搬迁、换将，也是球队沉沦的重要原因。须知商场如战场，经营一支竞技体育球队更是如此，本来球队初建应该"广积粮、缓称王"，哪知道海耶斯横空降世，把球队管理层一干人等的期待值瞬间捧高，首年带队杀入季后赛，让人们无限期待球队的未来。

但是，新军毕竟是新军，凭借一股锐气杀入季后赛之后，更应该沉下心来徐徐打磨，慢慢前进，先稳住战绩，再求称王称霸。然而，麦克马洪突然卸任主教练，已经让刚刚凝聚起来的斗志有些松动，新来的汉纳姆不能与海耶斯和平相处，自然让球队刚刚高涨的士气瞬间消散。待到墨菲加入，本有转机，两位老板冲动之下的搬迁又让这支球队士气再次下滑，临阵换帅上任的温特没有力挽狂澜，却开局连败。

总有人要为失利承担责任，某种意义上，火箭无法一飞冲天，海耶斯首当其冲就要成为"替罪羊"，毕竟他是球队头牌，这样的责任，他不背，谁背呢？

若是海耶斯大气沉稳、心智成熟，此时可能主动承担责任，然后重新凝聚球队、带领球队走出泥潭。然而，海耶斯当时也不过是二十多岁的小伙子，那个年纪能有几个球员拥有那般成熟的心智呢？本来球队战绩糜烂，就让他颇为不爽，而周边媒体对他的狂袭滥炸更让他不胜恼怒，这还不算最让他心灰意冷的，最让他心灰意冷的是他身边战友乃至球队老板的态度，他们冷冰冰地看着他，把海耶斯一个人推到了球队失利的最前沿，甚至球队之中都有人隐隐指责他为"球队毒瘤"。

行，你们都说爷是球队毒瘤，那爷就是！不仅是，爷还不伺候了呢！

赛季还没到结束，一向不是好脾气的海爷杀向了总经理办公室，和总经理进行了"亲切交谈"，而交谈的结果呢？自然是赛季结束，球队迫不及待地送走了这位"瘟神"。他们和巴尔的摩做了交易，用名震天下的"大E"，换来后世连百度搜索都找不到的一位跳投手杰克·马丁。

真应该钦佩那时候火箭队的高管们，你们着急送走"大E"也没什么不可以，但换来这么一个货，你们还不如直接裁了"大E"呢，好歹还能送"大E"一个人情，日后

 箭气长红　　　　　　　　　　休　斯　敦　火　箭　传

球场之上刀兵相见，没准人家还能念在这点情分上，给你网开一面呢。

不管怎么说，海耶斯终于离开了，球队应该一洗沉疴，焕然一新了吧。但事实呢？1972/1973赛季，火箭的战绩基本就没啥变化，33胜49负，照比之前1971/1972赛季的还多输了一场。而就这33胜，还是球队的三个小将卡尔文·墨菲、鲁迪·汤姆贾诺维奇、迈克·纽林拼了命才赢下来的。

如果海耶斯没被脑抽的火箭高层交易，而是心平气和地解决问题，这冉冉升起的三颗新星，加上内线翻江倒海的海耶斯，恐怕联盟人见人怕的一支劲旅就彻底成形了。然而世事没有如果，三个小将能够掀起的波澜也就这样了，没有内线呼风唤雨、无所不能的海耶斯，球队混到这地步已经不错了。

而那边厢被火箭天降大礼砸到的巴尔的摩已经笑弯了腰，海耶斯联手昂塞尔德已经

成为联盟人见人惧的内线组合，大杀四方，俨如一方王霸。

赛季还没结束，休斯敦人就已经把肠子都悔青了。当然，这世界上卖什么药的都有，就是没有卖后悔药的。

话说回来，海耶斯的离开也给了球队中的年轻人足够的成长空间，1972/1973 赛季，三个年轻人开始了"山中无老虎，猴子当大王"的疯狂成长历程。这一年里，他们的数据都有大幅度提升，汤姆贾诺维奇已经场均能够拿下 19.4 分，俨然是未来冉冉升起的希望之星，纽林也有场均 17 分入账，而墨菲在罚球端这一项上已经造诣惊人，他的罚球命中率高达 88.8%，仅次于里克·巴里这样的老怪物。

而墨菲的真正成长，则是在 1973/1974 赛季。那个赛季，作为一个身高 1.78 米的移动迅速的组织后卫，他场均可以贡献 20.4 分、7.4 次助攻、1.9 次抢断以及引以为豪的 52.2% 的投篮命中率。

不过，尽管三个年轻人前途无限，但休斯敦火箭队依旧摇摇欲坠，1973/1974 赛季，他们比之前的赛季又多输了一场，只拿下 32 胜 50 负。球队的逐渐沉沦，更让休斯敦球迷不屑一顾，他们虽然不喜欢火箭队，但海耶斯却一直都是他们的城市英雄，球队交易海耶斯甚至一度被他们认为是忘恩负义的表现。

于是乎，球队主场的上座率几乎成了无解的问题，无论球队胜败，依旧观者寥寥。

关于球队当时的情况，鲁迪·汤姆贾诺维奇曾回忆道："一天晚上我们坐在板凳上讨论赛后去哪儿消遣一下，这时一个坐得很远的家伙朝我们大喊：'不不，别去那儿，那儿可不是吃饭的好地方。'这球场也太空旷了。"

雷·帕特森也曾回忆过那个赛季的揭幕战，他们在霍夫海因斯球馆对阵老鹰队和他们的头牌皮特·马拉维奇。他开车走在路上遇到交通堵塞，正欢喜着球队终于要迎来一次爆满——"谁知道到了比赛场才发现那些人全是去附近一座体育馆看高中橄榄球赛的。"帕特森说道，"这么一场高中比赛能吸引 2 万人到场，可我们却只有 200 多人。"

第二章
摩西降临

箭气长红／休斯敦火箭传

 箭气长红　　　　　　　　　　　休 斯 敦 火 箭 传

休城青年军崛起
1974/1975

在海耶斯离开休斯敦的两年里，NBA 风起云涌，辛辛那提皇家队的搬迁也给休斯敦火箭队造成了不小的影响。辛辛那提皇家队从辛辛那提搬到了堪萨斯和奥马哈，更名为堪萨斯城 – 奥马哈国王队，成为西部球队，联盟为了平衡东西部联盟，将火箭队划到了东部。

而与当家球星拂袖而去的休斯敦火箭队同病相怜的却是费城76人，他们将当家核心、名传千古的张伯伦送给了洛杉矶湖人，紧跟着另一位球队核心比利·坎宁安跳槽至ABA的卡罗来纳美洲狮队。自此曾经雄霸一方的费城，正式宣告风流云散，从人见人惧的劲旅，瞬息间成了人见人欺的"鱼腩球队"，整个赛季只收获了9场胜利。而9胜73负的NBA历史最差战绩，至今依旧后无来者。

1972/1973 赛季的联盟王者，最终由威利斯·里德和他的尼克斯夺得。而一代天骄"张大帅"也在总决赛后宣布从此退隐江湖，江湖再不见只手遮天"张大帅"。不过，他身后的 31418 分和 23924 个篮板却依旧震烁古今，名留千古。

离开休斯敦的海耶斯则遭遇了另一次迁徙，他投奔的巴尔的摩子弹队，在 1973/1974 赛季搬迁到了华盛顿，更名为首都子弹队。与此同时 NBA 联盟已经开始逐渐崛起，联盟的影响力日渐扩大，吸引了无数年轻人，也吸引了全美电视广告公司的关注，美国哥伦比亚广播公司（CBS）以 2700 万美元的价格买下了 NBA 三年比赛的转播权，NBA 从此走入寻常百姓家。

也是从电视转播开始，NBA 开始正规化商业运作的进程，各项技术统计开始逐步完善起来，甚至开始效法竞争对手 ABA 联盟进行扣篮次数统计，湖人队的埃尔莫·史密斯以场均 4.85 次扣篮成为史上第一届扣篮王，其中他在 1973 年 10 月 28 日对阵开拓者队的比赛中完成了 17 次扣篮，这个纪录至今无人能破。除此之外，抢断和盖帽两项数据也开始被统计，"四双"正式登陆江湖。

1973/1974 赛季的奥布莱恩杯被贾巴尔的雄鹿捧走，张伯伦和威利斯·里德退役，杰里·卢卡斯、奥斯卡·罗伯特森等球星也随之归隐，20 世纪 60 年代独霸一方的枭雄雨打风吹去，20 世纪 70 年代的年轻人逐步开始崭露头角。

正是在这样的情况下，休斯敦火箭的"年轻人"终于慢慢成了一些气候。1974/1975赛季，在汤姆贾诺维奇、墨菲和纽林的带领下，火箭打出10胜5负的漂亮开局，即将对休斯敦火箭彻底失望的球迷，终于看到了一丝希望。从之前的1973/1974赛季开始执教球队的主教练约翰·埃根也展现出了他对年轻球队的调教能力。

在他的掌控之下，这支球队终于迸发出了年轻人应有的活力，汤姆贾诺维奇、墨菲和纽林飞天遁地、长枪短炮、狂轰滥炸，让每一个和火箭交手的球队都颇为焦头烂额。这支球队似乎充满着能量，永不停歇，分分秒秒都紧紧地追着对手。

也就是凭着这样的拼劲，他们一路斩关落锁，虽然谈不上无往不利，却也在重重困难中杀出一条血路。到1975年3月8日，他们的战绩是37胜31负，若干年来首次超过

50%,虽然因为年轻,他们在收官阶段显得有些力不从心,但依然坚守到底,以41胜41负排名中央区第二,继海耶斯新秀赛季之后,第二次杀入季后赛,这也是他们搬到休斯敦以来,第一次杀入季后赛。

小将们的努力终于感动了一直对火箭队"不理不睬"的休斯敦球迷,在赛季末争夺季后赛席位的比赛中,球馆场场爆满,球票首度售罄。而最关键的那一场比赛,球队主场霍夫海因斯球馆更是破天荒地迎来了10518名球迷,球迷从四面八方潮水般涌来,为他们的主队加油助威。

1975年季后赛首轮,对阵暮气沉沉的尼克斯队,休斯敦一众小将乱拳打死老师傅,一顿狂轰滥炸,让老迈的尼克斯队竟然全无还手之力。2比1!他们再次创造奇迹,完成建队以来第一次杀入分区半决赛的壮举!

然而,年轻人的好运气却也到此为止了,他们的分区半决赛对手正是如日中天的波士顿凯尔特人,这支历经13年11冠沉淀的老辣球队岂是凭借一股年轻拼劲儿就能取胜

的?4比1,年轻的休斯敦人面对凯尔特人如同待宰羔羊,被对方轻易解决。

虽然分区半决赛惨败,但无论是球队自身还是休城球迷都不得不对这支火箭队点头称赞,毕竟这支球队还很年轻,他们能够做到这个程度,已经足够获得人们尊重了。

休斯敦火箭队回家钓鱼了,但还有另一个昔日的火箭核心在奋战。埃尔文·海耶斯,这个曾经的火箭老大,这个让球迷和球队成员又爱又恨、又感激又愧疚的人,此刻正站在刚刚击败火箭的凯尔特人面前横刀立马。

离开火箭之后,海耶斯一洗"毒

HOUSTON ROCKETS

瘤"污名,他和昂塞尔德联手,几乎震慑整个联盟,季后赛如同家常便饭的同时,那个赛季更是狂揽60胜,一举带领又更名为华盛顿子弹队的球队杀入东部决赛。而他和凯尔特人的七场大战,更是让人荡气回肠、血脉偾张、狂呼过瘾。

最终华盛顿子弹队也依靠海耶斯大杀四方的表现,以4比2将凯尔特人斩落马下,某种意义上甚至有些为火箭队年轻小伙子们报仇雪恨的感觉。

世事还真是有些奇妙。

不过也就是这个赛季之后,海耶斯再次回到休城作战时,以往震耳欲聋的嘘声却奇妙地消失了,取而代之的是球迷们热烈的欢呼声,似乎在迎接一位英雄重返故土。

而之前海耶斯满眼的寒意,也被这热烈的掌声融化,似乎还有晶莹的泪花偷偷泛起。是非恩怨是江湖,仇怨相忘是归途。

 箭气长红　　　　　　　　　　　休 斯 敦 火 箭 传

摩西·马龙来了　　　　　　　　　　1975/1976——1976/1977

　　经历过 1974/1975 赛季的崛起，火箭球迷的胃口再度被吊了起来，他们满心希冀这支年轻的球队能够借着将尼克斯斩落马下的威势，摇身一变成为联盟劲旅。然而，无情的现实再次让他们的希望破碎一地。

　　在接下来的 1975/1976 赛季，年轻的小将们虽然依旧拼尽全力，但无奈上赛季的异军突起已经让他们成为其他球队关注的对象，尤其是同一赛区的季后赛席位争夺者们。他们其实应该骄傲，毕竟在他们疯狂杀入季后赛之前，没有任何一支球队仔细研究他们的战术。而从那个赛季开始，他们已经被对手们"认真照顾、重点研究"。

　　对手们甚至针对他们的核心球员墨菲、汤姆贾诺维奇、纽林开始制订针对性的战术。在 1975/1976 赛季，他们获得了这份"荣誉"，却也因此付出了惨重的代价。他们开赛就陷入三连败，直到 1975 年 11 月 2 日才以 104 比 89 将密尔沃基雄鹿击溃，赢得赛季首场胜利，但是之后他们一路起伏不定，最终只取得 40 胜 42 负的战绩，位列中央赛区第三名，再度与季后赛无缘。

　　不过他们的核心队伍也因此得到了充分历练，由鲁迪·汤姆贾诺维奇、卡尔文·墨菲、迈克·纽林、凯文·库内特和埃德·拉特雷夫组成的球队首发阵容，虽然算不上联盟上游水准，却也逐步凝结成一股不可小觑的力量。

　　然而，明眼人还是能一眼看穿休斯敦火箭的弱点——他们缺少真正的核心，更缺少一位能够在内线呼风唤雨的大个子。本来他们曾经是拥有的，埃尔文·海耶斯正是这样不世出的奇才，可惜的是，因为当年管理层的一时冲动，这个 NBA 历史上屈指可数的内线王者，已经被廉价抛售到了华盛顿子弹队。

　　休斯敦内线的缺憾到底由谁来填补呢？

　　正在休斯敦管理层就要愁白了头发的时候，一位和海耶斯一样神通广大的内线大闸竟然降临休城，完全出乎所有人的意料，仿如神兵天降！

　　而让这位"神兵"降临的契机，却是 NBA 吞并了 ABA 一举成为美利坚境内最庞大的职业篮球联盟。

　　说起 NBA 和 ABA 之间的渊源，要从 1967 年 ABA 联盟成立开始。自从 ABA 创立

他们就一直瞄准NBA发力,而原来的篮坛霸主NBA自然也不愿落在下风,双方一直纠缠争斗,都想要将对方吞并。但无奈,眼看ABA一天天发展壮大,NBA依然没有找到任何下手的机会,反倒是ABA这边一度几乎从NBA挖角成功。1970年,西雅图超音速当时的老板萨姆·舒尔曼就曾谋划着把球队迁入ABA,好在NBA联盟及时发现,并使尽浑身解数挽留,才没有成行。而两个联盟之间的纠葛,也绝不仅仅局限于球队争夺,球员、教练等一系列资源都成了两个联盟角逐的范围。

20世纪70年代初,为了挽回逐渐流失的球迷,NBA甚至提出和ABA进行对抗表演赛,ABA方面也欣然同意。最初的几年,NBA方面派出的球队都稳占上风,然而随着时间的突进,胜利的天平开始慢慢向羽翼逐渐丰满的ABA倾斜,待到后来,NBA连续派出冠军队伍,却依旧被ABA的冠军球队挫败。

但联盟赛事运营却绝非比赛胜负那般简单。NBA方面虽然人才流失严重,但旗下球队和联盟本身却财力雄厚,管理人员更都是深谙商业经营之道,等到电视转播开通,NBA联盟不但在影响力上节节高升,更是狠狠地赚了一笔。反观ABA,众多球队都经营不善,球队上座率惨淡,待到1975/1976赛季结束,众多球队濒临破产,早已无以为继。剩下的几支球队也终于在万般无奈之下加盟了NBA联盟,两大联盟正式合并。

两大联盟的合并,最可观的就是无数球员从ABA到NBA的汇流。彼时,ABA虽然在财政上垮台,但旗下球队的球星却完全可以比美NBA联盟。这些球员有的追随球队加盟,但有的球员原来的主队已经不复存在了,就只好选择其他的NBA球队加盟。而休斯

 箭气长红　　　　　　　　　　　休　斯　敦　火　箭　传

敦火箭的那位"天降神兵"正是这样加盟休城的。

这位"天降神兵"名为摩西·马龙。

而马龙加盟休斯敦火箭的过程也颇为神奇有趣，1974年他前无古人地以弗吉尼亚州彼得斯堡高中生球员的身份与ABA联盟的犹他明星队完成签约，成为篮坛历史上第一位高中生职业篮球队员。他在ABA的新秀赛季就已经呼风唤雨，场均18.8分、14.6个

篮板，俨如内线霸主般横行无忌。接着，他又跑去圣路易斯精神队打了一个赛季，就赶上了ABA与NBA合并，精神队破产，ABA球员解散选秀大会上，马龙被波特兰开拓者队在首轮第五顺位挑中。21岁的马龙并没有为开拓者出战，1976/1977赛季开始前，开拓者队把他送到了布法罗勇敢者队。马龙本想好好在球队打打比赛，哪知道球队管理层看他年纪轻轻，也不重视，就让他随便打了两场，一甩手就把他送给了休斯敦火箭，换来了两个选秀权。

若干年后，当人们想起这笔交易，都为休斯敦火箭大呼"太值了"，当然也不忘给当年的布法罗勇气队竖竖大拇指，调侃着说："人才啊！未来的50大巨星居然被你换了两个选秀权！太牛了！"

不论因由如何，休斯敦的救世主摩西就这么莫名其妙地披上了火箭队的球衣。

意外梦魇毁前程　　　　　　　　　　　　　　　　　　　　　　　1977/1978

说起摩西·马龙的降临，时任休斯敦主教练的汤姆·尼萨尔克当居首功之臣，他其实就是马龙在ABA犹他明星队时的主教练。彼时，他就对马龙这位天才悉心栽培，并给予了马龙足够充裕的上场时间和发挥自由度。而马龙新秀赛季有如神助的表现，也正是因为这位教头的爱护和支持。

师徒两人感情深厚，老教头一见勇敢者队有眼无珠，看不到马龙浑身的能量，赶紧与休斯敦管理层发动交易，将昔日爱徒招入帐下。后来的事实也证明，老教头此举不但让爱徒一举成名，更让休斯敦火箭也一飞冲天！

加入火箭时，马龙才刚刚21岁，身上还有很多地方需要打磨。老教头自然知道马龙的需求，专门给马龙开小灶，加大培养力度，在球场上也严厉督促马龙进步，修正缺点。马龙也投桃报李，在球场上很快找到自己的位置，兢兢业业地完善自身，打好每一场比赛。

随着1977/1978赛季的进程，马龙愈发如鱼得水，并很快展示出了联盟数一数二的篮板球能力，尤其是他的前场篮板，只能用"可怕"来形容。整个赛季，他场均能够得到13.2分和13.1个篮板，更抢下合计437个前场篮板，一举打破之前由保罗·西拉斯保持的单赛季365个前场篮板的纪录，另外马龙凭借赛季场均2.21个盖帽排名联盟第七。

马龙发威的同时，球队原来的核心汤姆贾诺维奇也打得越发得心应手，毕竟内线有了马龙的牵制，分担了压力，打起球来也轻松很多。他的得分也随之上涨到了21.6分，成为球队得分王，并第四次成功入选NBA全明星。球队其他球员墨菲、纽林、库内特等人也越战越勇。最终在赛季结束的时候，这群年轻人竟然拿下了49胜33负的当时队史最佳战绩，以中央赛区第一的身份，再次杀入季后赛。

季后赛，他们首轮因为联盟球队数量分布不均，而幸运地抽得轮空签，在东区半决赛以逸待劳地等待另一边的首轮胜者。而那边由"内线双塔"带队的华盛顿子弹队轻取对手，两支颇有恩怨情仇的球队将首次在季后赛里一较高下。

1978年系列赛几乎就是马龙一个人的舞台，他一人独战"双子星"，彼时看起来还瘦骨嶙峋的他面对"昂塞尔德+海耶斯"这一对传奇内线，竟然丝毫不落下风。也正是因为马龙的惊人表现，火箭在系列赛连输前两场之后，才能顺利反弹，连扳四城。他们

以 4 比 2 力挫华盛顿子弹，杀入东部决赛。

在东部决赛面对更为老辣的费城 76 人，他们打得异常艰难，在大比分 1 比 3 落后之后，他们戏剧性地以 118 比 115 赢得了第五场比赛的胜利。然而，回到休斯敦主场的第六场，上天却跟休斯敦年轻的小伙子们开了一个玩笑，比赛的最后两秒，76 人用一个非常有争议的进球，以 112 比 109 获得了最后的胜利。

休斯敦人的季后赛旅程就此画上句号，不过还是很欣慰，因为前景十分美好。他们的领军人物马龙看起来已经越来越成熟了，在他参加的这 12 场季后赛中，他场均狂掠 18.8 分、16.9 个篮板。东部半决赛对阵华盛顿子弹队的第二场比赛，球队加时取胜，马龙单场 15 个前场篮板更是创下了当时的季后赛纪录。

有这样一个无所不能的内线，还有什么能够阻挡休斯敦人的脚步呢？

有，确实有，只是答案让所有人都有些欲哭无泪——"暴力"和"伤病"。

1977/1978 赛季，火箭队面临了大规模伤病潮，他们在赛季开始的 18 场比赛里输掉了 12 场。好不容易熬过来，打出一波 3 胜 1 负，却在 1977 年 12 月 9 日对阵湖人队的比赛里遭遇了更大的一次灾难。

湖人的当家球星贾巴尔和火箭的大个子球员库内特斯打在了一起——两支球队前半段糜烂的战绩，让球员们都有些心浮气躁。这时湖人队的科米特·华盛顿立即加入战斗，想要保护贾巴尔。火箭队的汤姆贾诺维奇马上跑了过去——他并非想要打架，而是想要试图将缠斗的几人拉开。但湖人队的科米特·华盛顿此刻已经杀红了眼，见汤姆贾诺维奇迅速跑来，已经认准了他是来帮火箭队球员助拳的。因此，科米特·华盛顿毫不犹豫地气运丹田挥出一记力道十足的摆拳，狠狠击中汤姆贾诺维奇面门，可怜的汤姆贾诺维奇毫无防备，立

第二章 / 摩西驾临　　　　　　　　　HOUSTON ROCKETS

即仰面倒下，血流成河。当时他整整昏迷了三分钟，被立即送往医院，医生诊断汤姆贾诺维奇的头骨错位一英寸（约2.5厘米）。这次的打架事件不但直接导致了汤姆贾诺维奇之后的黯然退役，在当时更是一度危及这位球星的宝贵生命。

赛后，科米特·华盛顿接受了联盟的处罚，停赛25场。可是汤姆贾诺维奇却告别了这个赛季剩余的所有比赛。

失去了核心球员汤姆贾诺维奇的噩耗传来，让休斯敦火箭本就飘摇不定，但此时还有更糟的消息在等着他

们——球队核心中锋摩西·马龙因为右脚应力性骨折，将要缺阵该赛季剩下的23场比赛，赛季报销！

这个消息传来，所有的火箭球员和球迷都暗暗叹了一声："这个赛季完了。"

果然，这个赛季结束时，他们仅仅取得了28场比赛的胜利，以28胜54负再度联盟垫底。不过，这一切还没有让休城绝望，毕竟马龙还年轻，他的伤势也不算严重，这个赛季他依旧以380个前场篮板锁定联盟前场篮板王，场均15个篮板更是名列联盟第二，此外还被选入全明星阵容。

就在休斯敦这边愁云惨淡的时候，另一个让他们震惊的消息传来，当年被他们抛弃的传奇内线海耶斯带领子弹队一路杀入总决赛，并在总决赛面对超音速的对决中，血战七场，竟然一举夺下奥布莱恩杯！

休城球迷的心情一下子坠落到了谷底，也说不出是个什么滋味来。

第三章
未竟之旅

箭气长红 / 休斯敦火箭传

一飞冲天屡折腰

1978/1979—1979/1980

  1978/1979 赛季，NBA 版图再起波澜，之前将摩西·马龙"赠送"给休斯敦火箭的布法罗勇敢者队搬迁到了火箭队创建之初的城市圣迭戈，正式改名为圣迭戈快船队，也从此加入西部联盟，成为西部球队。为了平衡东西部球队，联盟将底特律活塞队划到东部联盟的中央赛区，而将原来中部赛区的华盛顿子弹队划分到了大西洋赛区。

  这些事情并没有影响到休斯敦火箭，在经历之前 1977/1978 赛季的诸多波澜之后，休斯敦火箭队上下一心、枕戈待旦，随时准备迎战新赛季的挑战。而新赛季的常规赛，也确实成了休斯敦火箭队的天下。首先是马龙，伤愈复出的他，迎来井喷似的爆发，打出他职业生涯到那时为止最精彩纷呈的一个赛季，他场均拿下 24.8 分并狂揽 17.6 个篮板，稳站联盟篮板王的位置，疯狂甩掉第二名的里奇·凯利整整 5 个篮板之多。

  而他在球场上的表现，也带给世人无与伦比的震撼。他的身材不够高大威猛，无法像张伯伦、拉塞尔那般傲立群雄，但他精妙的脚步移动、良好的卡位习惯以及赛场上坚定的斗志，却让他在长人如林的 NBA 联盟独占鳌头。

  为了让自己能够在"重型武器"辈出的 NBA 站住脚，马龙在休赛期疯狂健身，增重 15 磅（约 13.6 斤），一改往日"排骨少年"的柔弱形象，正式向"内线大杀器"迈近。这个赛季，他无数次在内线翻江倒海，将对方内线蹂躏到粉身碎骨。而他的长项前场篮板也照比前三个火箭赛季有了大幅的增长，全季他疯狂抢下 587 个前场篮板，创下联盟球员单赛季前场篮板之最。他的投篮命中率也创下自己职业生涯新高，高达 54%，进攻效率的提高显而易见。

  联盟也看到了他的成长，赛季结束的时候，将 1978/1979 赛季的常规赛 MVP 大奖颁给了马龙——这也是火箭队历史第一座 MVP 奖杯。同时，他还被选入联盟年度最佳阵容第一阵和最佳防守阵容第二阵，并入选当季的 NBA 全明星阵容。

  1979 年 2 月 9 日，球队对战新奥尔良爵士队（现犹他爵士队）的比赛中，他单场抓下 37 个篮板，创下个人单场篮板纪录。

  与此同时，他的队友也愈发强大起来，休息五个月之后复出的汤姆贾诺维奇这个赛季也短暂地重返巅峰，他场均 19 分，携手马龙以及另一位队友墨菲一起参加了当季的全明星赛。火箭在休赛期也进行了适当补强，他们将约翰·卢卡斯二世送去了金州勇士，换来职业生涯末期的里克·巴里。这笔交易显然有些不太值当，暮年的巴里已经不复当年横扫联盟的威势，场均 13.5 分也只是聊胜于无。不过值得一提的是，老巴里在火箭的两个赛季却创造了一项 NBA 纪录——他整个赛季 94.7% 的罚球命中率至今依旧无人能敌！

1978/1979 赛季常规赛结束的时候，休斯敦的热情空前高涨，他们虽然只有 47 胜 35 负——中央赛区第二名的战绩，但无敌的马龙、看起来已经恢复健康的汤姆贾诺维奇，以及一直稳健的墨菲似乎能够带领球队冲上另一重云霄。

然而，现实表明，这又是一次他们的一厢情愿。

1979 年季后赛，无情的现实再度到来，他们在首轮就被老辣的亚特兰大老鹰横扫出局，尽管马龙场均能够拿下 25 分、20 个篮板的可怕数据，却依旧无法挽回败局。

球队在季后赛的惨败，让管理层再度震怒，并把一切失利的缘由都归咎为主教练尼萨尔克的领导不力。毕竟坐拥"超级内线＋犀利锋卫"的三人超级组合，竟然在季后赛首轮就败下阵来，实在让人怀疑尼萨尔克是否有驾驭这支球队的能力。

于是乎，在 1979/1980 赛季开始之前，球队便认命德尔·哈里斯取代尼萨尔克成为这支球队新的掌门人。

无形中，火箭的管理层再一次犯下了同海耶斯时期一样的错误。尼萨尔克之于马龙乃是授业恩师，一手挖掘、一手培养，才让昔日的高中生马龙成为 NBA 联盟里的一代

天骄。马龙的内心深处对恩师的知遇之恩、栽培之情如何深厚，恐怕明眼人一看就知。而火箭此刻勒令尼萨尔克下课，马龙内心的愤懑乃至怨恨可想而知。

火箭队上一位内线的中流砥柱埃尔文·海耶斯最终与球队不欢而散，多少还是因为恩师麦克马洪不再执教。

不过，马龙毕竟不是海耶斯，他口上不言，球场表现也依旧无比犀利。1979/1980赛季，在汤姆贾诺维奇因之前重伤逐渐淡出球场、里克·巴里已经彻底成为板凳席精神领袖的时候，马龙联手墨菲把休斯敦的重任扛在了肩上，他场均砍下25.8分、14.5个篮板继续统治内线，而墨菲也再添20分，最终在赛季结束时，他们帮助球队以41胜41负与马刺并列中央赛区第二名，再度杀入季后赛。

1979/1980赛季，摩西·马龙在继续入选全明星阵容的同时，再度入选了NBA联盟年度最佳阵容第二阵，此时的马龙已经成长为联盟数一数二的内线球员。

但可惜的是，休斯敦却并没有因为马龙的强横而走得更远，缺兵少将的他们在季后赛首轮对阵实力差不多的马刺还犹有余力，以2比1的大比分终结系列赛，进入东区半决赛。但到了半决赛，他们的气运也走到了尽头，面对无比强大的凯尔特人，他们完全没有还手之力，转瞬间就被杀得丢盔弃甲，4比0被对手惨痛横扫。

面对这样的失利，休斯敦的管理层差点气歪了鼻子，坐拥豪华阵容，却止步半决赛的成绩让他们无法容忍，他们开始对马龙挑剔指责起来。

这边厢，马龙却似乎没有听见他们的声音，优哉游哉地在比赛结束之后，就开始了自己的度假旅游。

没有人知道，此刻这位休斯敦的擎天白玉柱、架海紫金梁内心深处到底在想些什么。

不过有一件事显而易见，摩西·马龙和休斯敦之间的裂痕已经悄然出现了，并在不久的将来，即将爆发。

HOUSTON ROCKETS

连挫强敌路途险   1980/1981

1980/1981赛季,成长中的NBA联盟再次发生改变,休斯敦火箭所在的得克萨斯州迎来第三支球队——达拉斯小牛队。小牛的加入,让联盟再次调整联盟布局,将休斯敦火箭划分到了西部赛区的中西赛区,与圣安东尼奥马刺队、堪萨斯城国王队、丹佛掘金队、犹他爵士队以及达拉斯小牛队共处一个赛区。

这个赛季,火箭再度启程,球队阵容相对稳定了下来,除却球队核心摩西·马龙、卡尔文·墨菲、鲁迪·汤姆贾诺维奇,球队其他球员也相应或稳定或成熟了起来,其中罗伯特·雷德场均已经能够贡献15.9分,而阵容中的其他球员,迈克·邓利维、阿伦·利维尔、比利·保尔茨、比尔·威洛比、凯尔文·加内特,都是招之即战的不错球员。

不过常规赛,火箭队的战绩却没有太大起色,看起来依旧平庸,整个赛季也仅仅拿下40胜42负的战绩,和堪萨斯城国王队并列中西赛区第二名,勉强杀入季后赛。

值得一提的是,马龙依旧出色,他赛季场均交出令人震惊的27.8分和14.8个篮板的数据,成功地在荣膺联盟篮板王的同时,第四次入选全明星阵容,并再次入选联盟年度最佳阵容第二阵容。他在那个赛季得分能力的上升也弥补了汤姆贾诺维奇陨落的缺憾。

1981年3月11日,马龙在和金州勇士队的比赛中单场砍下51分,全场他28投20中,其中罚球12罚11中。单场51分也是火箭当时队史上球员单场所得到的第三高分,排在他前面的是卡尔文·墨菲的57分和埃尔文·海耶斯的54分。

球队另一个核心墨菲在转型替补之后也有着不错的发挥,场均得到16.7分的同时,还一举打破了刚刚退役的队友里克·巴里的两项纪录——连续60次罚球命中和94.7%的命中率,墨菲在那个赛季的纪录是连续78次罚球命中和单季95.8%的罚球命中率(215投206中)。

在这种球员发挥不错、球队战绩却依旧不见起色的奇怪现象下,火箭的1980/1981赛季季后赛征程正式拉开了帷幕。

1981年季后赛首轮,他们在一片看低之下,迎战上届冠军洛杉矶湖人,坐拥卡里姆·阿卜杜尔-贾巴尔和"魔术师"约翰逊两大超级巨星的"紫金军",被认为不可战胜,或者绝不会被休斯敦火箭这种平庸球队战胜。但是系列赛的进程却大大出乎了观众们的

53

 休斯敦火箭传

预料,休斯敦在马龙的带领下先是1比1战平对手,接着又在生死战以89比86拼下胜利,用一场史诗级的胜利宣告"紫金军"的溃败。

接下来的对手,是他们同区的圣安东尼奥马刺,他们的领军人物正是名震天下的"冰人"乔治·格文。双方实力显然在伯仲之间,七场系列赛荡气回肠,火箭只要赢下一场比赛,马刺马上就予以回击,反之亦然。直到生死大战,火箭在客场气势如虹,一直血战到底,竟然以105比100将圣安东尼奥斩落马下。

一时之间,舆论大哗,谁也想不到常规赛如同病猫,一路磕磕绊绊才"混"入季后赛的休斯敦,竟然能够在瞬息间脱胎换骨,连续将两大总冠军候选送回家钓鱼。

西部决赛,他们面对堪萨斯国王,才让人们恍然大悟,原来马龙和他的火箭一直在示弱,常规赛根本没有展现真正的实力——面对堪萨斯国王,这支同为中西赛区第二名的球队,火箭一路砍瓜切菜,基本没费什么劲,就让国王折戟沉沙。4比1!休斯敦轻松胜利,一路杀气腾腾直奔总决赛而去。

不过这一次横亘在他们面前的确实是一座NBA创建以来最为强悍的高山——波士顿凯尔特人,铁血"绿衫军"。

在之前的1979/1980赛季季后赛输给费城之后,老牌劲旅凯尔特人就开始痛定思痛了,"红衣主教"里德·奥尔巴赫猛然意识到自己的球队还不够强大和完善,于是在休赛期,他着手寻求交易,进而补强球队。他的交易目标首先锁定了底特律活塞,彼时活塞对"绿

衫军"阵中的得分王鲍勃·麦卡杜垂涎欲滴，奥尔巴赫抓住机会出手了这位完全不能融入球队的得分王，从底特律换来状元签、13号签以及一位限制性自由球员迈克尔·里昂卡尔。赛季开始前，"红衣主教"再次出手，他用从活塞交易来的两个签位，从金州勇士换来3号选秀权以及日后名震天下的"酋长"罗伯特·帕里什。更让后世震惊的是，"红衣主教"在选秀大会上就凭着这个3号签，一举拿下凯文·麦克海尔。加上原来阵中的拉里·伯德，自此，"绿衫军三巨头"正式在老谋深算的奥尔巴赫主导下完成。

而休斯敦火箭即将在总决赛中面对的就是这支奥尔巴赫刚刚筹谋建立的波士顿凯尔特人。尽管球队刚刚完成重建，但"三巨头"的威力已经如日中天，他们常规赛就拿下60胜，一路浩浩荡荡杀入总决赛。

总决赛开始之前，媒体已经开始疯狂揣测比赛的结果，大家一面倒地认为凯尔特人将横扫休斯敦。

面对敌人的强劲，面对媒体近乎嘲笑的推测，摩西·马龙和休斯敦人也不甘示弱，他们憋足了劲头准备和凯尔特人一较高下。马龙更是放言："波士顿根本没有看起来那么好！"

1981年总决赛，休斯敦火箭和波士顿凯尔特人就在一片争论声中登上了历史舞台。

 箭气长红　　　　　　　　　　休 斯 敦 火 箭 传

巅峰憾负"绿衫军"　　　　　　　　　　1980/1981—1981/1982

　　1981年总决赛开始之前的休斯敦火箭队达到了前所未有的状态，他们在舆论和对手的压力之下，众志成城、众将一心，誓要将凯尔特人斩落马下，一血被轻视的仇恨。

　　因此在总决赛第一场一开始，他们就如狼似虎地杀向凯尔特人，老辣的"绿衫军"也难挡这股洪流，第一节溃不成军，竟然一度被火箭队领先14分之多。但很快他们就找到自己的节奏，凭借帕里什、伯德、麦克海尔在内线的优势，连续争得二次进攻机会，慢慢蚕食比分。在防守端，他们出动帕里什、麦克海尔和里克·罗贝伊轮番"照顾"马龙。

　　不过休斯敦和马龙又怎可能轻言放弃，他们连续发动反攻，双方你来我往征战不休，到终场前5分36秒时，休斯敦竟然还以91比88的微弱优势领先凯尔特人。关键时刻，"绿衫军三巨头"中的帕里什率先发威，他连续命中两记投篮，让球队反超比分，接着伯德和卡尔先后挺身而出，在比赛还剩下三分钟时，让波士顿一举以96比91反超5分。火箭阵中的亨德森拍马杀出，一人命中两球，保持比赛悬念。此时比赛仅仅剩下1分29秒了！

　　可惜休斯敦的反扑也就仅仅到此为止了，在对方三大内线的"照顾"下，马龙被锁死，休斯敦内线彻底崩溃，波士顿完全占据了比赛的主动，他们连续拿下6个前场篮板，其中伯德一人独摘4个，并最终将前场篮板一一转化为得分。最后关头，休

斯敦主教练哈里斯派上一直没有上场的汤姆贾诺维奇完成最后一投,然而汤姆贾诺维奇却未能命中绝杀,罗伯特·雷德也未能补篮命中,凯尔特人拿下后场篮板。休斯敦憾负!

接下来的总决赛第二场,休斯敦人受到上一场的影响,一开始就被凯尔特人抓住机会领先8分。关键时刻,一直被"三巨头"轮番"照顾"的马龙终于找到状态,他带领球队连续追分,个人更是独得球队12分中的9分。但随后凯尔特人开始反击,并在比赛还有2分10秒的时候反超成功——88比87!比赛再度白热化,随后火箭的比尔·威洛比命中中投,火箭反超。比赛还剩下最后35秒的时候,马龙再次挺身而出,他封盖掉伯德的投篮,帮助球队稳稳站住领先地位。比赛最后11秒,凯尔特人对桑利维犯规,邓利维仅两罚一中,给了波士顿把比赛拖入加时的希望,但阿齐巴尔德的最后投篮偏出,休斯敦险胜对手!双方大比分1比1!

第三场总决赛战火重燃,不过这次貌似在之前比赛中耗光力气的马龙和休斯敦已经完全失去斗志,波士顿强人的防守也让休斯敦整体迷失。休斯敦在下半场只有17投3中,同时出现惊人的22次失误。这一战,休斯敦输得彻底没了脾气。

不过第四场，休斯敦却斗志再起，哈里斯大胆地使用了六人轮换，反倒一路领先凯尔特人，在比赛还剩下6分27秒时，随着马龙两罚命中，火箭以88比76领先凯尔特人。之后的时间里，虽然波士顿锲而不舍地蚕食火箭的优势，但最终火箭还是以91比84将胜利收入囊中。总比分2比2！

第五场比赛开始之前，马龙面对媒体，直接羞辱对手道："我从彼得斯堡（Petersberg，摩西·马龙的家乡，位于弗吉尼亚州）的马路上随便拉四个人就能赢他们。"

马龙的话，引起凯尔特人在第五场的大肆反弹。回到主场波士顿花园球馆，他们在首节就打出一波19比1的得分高潮，刚刚开完嘴炮的马龙和休斯敦彻底被打蒙了。第二节，他们的命中率只有惨不忍睹的28%，波士顿的铁血防守再出奇效，直接将领先优势扩大到了20分，第三节更是扩大到了29分。屋漏偏逢连夜雨，第二节墨菲还在与队友的碰撞中受伤离场。整场比赛彻底被凯尔特人主宰，几乎兵不血刃，他们轻取休斯敦。

休斯敦已经被逼到了悬崖边上！第六场一开始，已经半步踏下悬崖的休斯敦开始了疯狂的反扑，但凯尔特人却更加强悍，两支球队实力上的差距，最终在这场比赛中暴露了出来。此前被马龙招呼得有些状态低迷的拉里·伯德在这场比赛突然爆发，在他的帮助下，进入第四节时，凯尔特人已经以84比67领先休斯敦人，似乎一切已经盖棺定论了。但火箭队上下在这关键时刻竟然也爆发出惊人的战斗力，他们打出一波16比2，生生将已经落下悬崖的身子拉了回来。

不过，休斯敦的反扑却被拉里·伯德彻底粉碎，"大鸟"在关键时刻接管比赛，带领球队以一波小高潮回敬对手，也彻底锁定了胜利。102比91，凯尔特人赢得了他们球队历史上第14座总冠军奖杯。

六场大战，休城精彩纷呈的1980/1981赛季终于走向了尾声，不过他们已经值得骄傲，虽然奥布莱恩杯没有如愿得手，但他们与凯尔特人的六场大战却足够可歌可泣，他们的未来也似乎让人充满着无限期待！

但事实却再度发生出人意料的转折……

1981/1982赛季，摩西·马龙彻底被确立为球队核心，他在总决赛季后赛的表现配得上这样的地位。与此同时，鉴于之前赛季在总决赛马龙频繁遭遇对方内线围剿，休斯敦亡羊补牢，迎接埃尔文·海耶斯重返休斯敦。

这一举动，无疑是双方在经历世事变迁之后的一种成长。"大E"的回归，让马龙在内线多了一个可靠的战友，两人在内线的组合，也在1981/1982赛季展现出无比的威力。吸取总决赛失利的教训之后，球队整体也开始进行了调整，汤姆贾诺维奇难复受伤之前的状态，黯然退役去当了球探。墨菲也转身成了板凳球员，球队一干年轻球员纷纷有了竞争上岗的机会。

看着好战友离去，马龙无奈地挑起了球队重任，整个赛季他场均拿下31.1分、14.7个篮板，在赛季总出场时间和场均出场时间方面，马龙均是联盟第一，他该赛季一共出战3398分钟，场均出战42分钟。此外，马龙还抢下558个进攻篮板，为联盟单赛季最高。赛季末，马龙入选年度最佳阵容第一队。1982年2月2日对阵圣迭戈快船队的比赛中，马龙单场拿下53分，而在同年2月11日和西雅图超音速队的比赛中，马龙单场抢下21个进攻篮板，打破了之前自己创下的个人单场进攻篮板纪录。

赛季末，他迎来了三年来第二次常规赛MVP奖杯。

在马龙的神奇表演下，火箭的战绩不降反升，常规赛结束时，他们以46胜36负、中西赛区第二名的战绩再度杀入季后赛。然而季后赛中失去墨菲、汤姆贾诺维奇一干帮手的摩西·马龙彻底陷入对手的重重围剿之中，休斯敦也因此被全盘锁死，第一轮就被超音速以2比1送回老家。

虽然赛季不成功，休斯敦人却还是对未来充满希望，只要马龙不走，其他年轻球员逐渐成长，这支球队在未来还是拥有无数的可能性的。

可就在这个时候，一个消息如同晴天霹雳般传来：摩西·马龙想要离开休斯敦了！

第四章
"大梦"起兮

箭气长红/休斯敦火箭传

 箭气长红　　　　　　　休 斯 敦 火 箭 传

失摩西等"双塔"

1982/1983—1983/1984

1982/1983 赛季开始之前，休斯敦注定骤生波澜。

一路杀入总决赛并没有让摩西·马龙看到球队前景，反倒是在总决赛中的孤立无援让马龙对休城管理层愈加反感。之前的主教练下课风波，让马龙本就已经和休斯敦的管理层之间产生裂隙，多次折戟沉沙季后赛，让马龙突然产生离开休城的念头。

与此同时，NBA 的另一边，费城 76 人寻求一个强力中锋的欲望已经如火如荼了。在之前的 1981/1982 赛季总决赛上，他们被无可匹敌的洛杉矶湖人击败，究其根本原因，就是他们羸弱的内线被湖人强大的内线彻底蹂躏，他们迫切地想要找到一个能够和贾巴尔一决高下的存在。

正在这个时候，摩西·马龙成了自由球员，欣喜若狂的 76 人找上了已经萌生去意的马龙，并双手奉上了一纸 1320 万美元的天价肥约。接到这个消息，休城上下一片混乱，总经理、管理层、主教练、队友纷纷找到马龙，诚恳地挽留马龙留下。每个人都知道，休斯敦剩下的薪资空间，并不能够为马龙提供等价的合约，但他们无论如何不能让马龙离开，因为马龙一旦离开，火箭队就将彻底沦为"鱼腩球队"。

多年共事队友的劝说，却无法阻止马龙已经飞向远方的心思。他想要去费城，并不是因为那一纸超级合约，更多的是那里有"J博士"，有外线不错的战友。马龙想要得到总冠军，更想要远离休斯敦这块伤心地——这几年，他一直在敦促管理层补强球队，然而除了敷衍，休斯敦就再没有其他任何动作了。

于是，马龙在 1982/1983 赛季开始之前还是离去了，但他也为休斯敦尽到了最后一份情谊：休斯敦用先签后换的方式，将他交易到了费城，换来了卡德威尔·琼斯和一个首轮考前的选秀权。

摩西·马龙的离去，让休斯敦瞬间从天堂滑落到了地狱，马龙带走了这支球队的风骨和精神，同时也带走了这支球队强大的希望。接下来的两个赛季，休斯敦苦苦在泥沼中挣扎。1982/1983 赛季，他们全季仅仅拿下 14 场胜利，成了名副其实的人见人欺的"联盟鱼腩"。马龙的离去，也让人看到了他带着一些什么样的队友在征战联盟——那个赛季，休斯敦没有任何一名球员得分超过 15 分。

第四章 / "大梦"起号　　　　　　　　　　　　　　　　　HOUSTON ROCKETS

与休斯敦的愁云密布相比，马龙的离开似乎是他职业生涯非常正确的选择。他来到费城的第一年，就和"J博士"联手无间，成功在总决赛中横扫湖人，将奥布莱恩杯高高举过头顶。1982/1983赛季，马龙还卫冕了常规赛MVP。

马龙登上云端的势头，让休斯敦管理层几乎悔青了肠子，如果他们能够在马龙还在的时候尝试引入一位外线的明星球员，或许那个赛季戴上总冠军戒指的就是他们了。

世事没有如果，残酷，却也是必然。

不过，1982/1983赛季的休斯敦也并非一点好事都没有，他们在赛季结束的时候，凭借"优良"的战绩，无可争议地拥有了状元签，并顺利将一位健康时完全可以比美马龙的超级中锋——拉尔夫·桑普森带回了家。

来自弗吉尼亚大学的桑普森，也是一位内线杀器，灵敏的内线脚步、迅疾的起跳速度、纯熟的过人技术，让这位新星看起来前途无限。休城的球迷也终于松了口气，看来接下来的赛季，火箭终于可以咸鱼翻身了吧。然而，世事无法如他们所愿，接下来的1983/1984赛季，虽然桑普森打出场均22.1分、10.4个篮板、2.4个盖帽的逆天数据，个人也摘下当季最佳新秀的桂冠，但火箭队已经烂得一塌糊涂，全季战绩29胜53负，一

副"你爱咋咋地,老子就是烂到底"的姿态。

福兮祸所伏,祸兮福所倚。

就在休城的球迷已经丧失了期待的时候,火箭队再次通过状元签拿下了一位日后在休斯敦成就霸业的超级中锋——哈基姆·奥拉朱旺!

和三次奈史密斯奖获得者桑普森相比,奥拉朱旺在大学时代并没有桑普森那么耀眼,出生在尼日利亚的奥拉朱旺直到1978年进入大学校门时才开始接触篮球。虽然拥有2.08米的身高,让他即便在篮球这项长人运动里也能够成为鹤立鸡群一般的存在,但在大学时期,他还处于篮球"学徒"的阶段。即便如此,他依旧能够率领休斯敦大学美洲狮篮球队三次杀入NCAA四强。

奥拉朱旺在大学期间的抢眼表现,也让休城下定决心,在选秀大会上将状元秀的桂冠戴在了他的头上,甚至无视了一个叫作迈克尔·乔丹的年轻球员。

还有一则促使火箭队义无反顾将奥拉朱旺招入帐下的细节。在1981/1982赛季,奥拉朱旺征战大学赛场的第二个赛季,他曾带领球队杀入NCAA四强,但却被北卡罗来纳大学击败。意识到自身缺陷的奥拉朱旺,虚心地向休斯敦大学篮球队教练组请教如何能够帮助球队获得胜利。教练组给了他一个非常中肯的建议——去拜师摩西·马龙。

奥拉朱旺接受了建议,在那个夏天参加了摩西·马龙的训练营,并在训练营中经常找马龙进行1对1的PK。马龙对这个斗志昂扬的小伙子也爱惜不已,经常对着其他人称赞奥拉朱旺天赋异禀,并且勤奋好学。

那个夏天归来,奥拉朱旺在马龙的教导之下,已经今非昔比、脱胎换骨,在接下来的大三赛季,他已经所向披靡,一路大杀四方,带领球队成功杀入NCAA的冠军赛。赛季场均更是能够以67.5%的投篮命中率得到16.8分,另外还能够为球队贡献13.5个篮板、5.6个盖帽,除了得分其他三项数据均在NCAA排名第一。

师承摩西·马龙,又有如此杰出的表现,休斯敦人自然在1984年NBA选秀第一顺位,将奥拉朱旺招入麾下。值得一提的是,1984年是选秀大年,除了奥拉朱旺,还包括了NBA历史上最伟大的球员迈克尔·乔丹,以及历史总助攻王约翰·斯托克顿、名人堂大前锋查尔斯·巴克利,可谓星光熠熠。

从此,NBA江湖一个名为"大梦"的传奇在"航空城"的上空冉冉升起!

"双塔"合璧擎天起

1984/1985—1985/1986

如果桑普森不是因为该死的伤病黯然离开篮球赛场，那么他和奥拉朱旺的组合将是NBA历史上最可怕的内线"双塔"组合，这对组合的威力甚至要超过"海军上将"和"石佛"。毕竟邓肯进入联盟的时候，罗宾逊已经垂垂老矣了。

不过这种想法也只不过是一厢情愿，老天爷总喜欢捉弄一下我们这些无能的凡人，休斯敦火箭队也概莫能外。桑普森后来因伤退役，让这种想法只能是"如果"，就像如果另一个"如果"存在，联盟历史上还会有另一对超级无敌的内线组合："大鲨鱼+国王"的组合，当然，如果奥兰多没有草率地将克里斯·韦伯交易到金州的话。

但相比除了全明星赛一次联手都欠奉的"鲨鱼+国王"组合，休斯敦的"双塔"组合还是承蒙上天厚爱地贡献了几个精彩纷呈的赛季。

"双塔"合璧的第一个赛季，也就是1984/1985赛季，桑普森和奥拉朱旺的威力就已经旷古绝今了。桑普森场均22.1分、10.4个篮板，奥拉朱旺场均20.6分、11.9个篮板、2.6个盖帽，成为联盟所有球队的禁区噩梦，也成为继1970年张伯伦与埃尔金·贝勒之后，首对同时能够获得"20+10"的队友。

本来死气沉沉的休斯敦在桑普森和奥拉朱旺的强势带动下，陡然焕发了勃勃生机。本来已经逐渐远离球场观战的球迷，突然间发现火箭队的比赛竟然如此精彩、如此好看。

"双塔"你方唱罢我登场地将联盟所有球队内线戏耍个遍。更可怕的是，他们的联手也让球队的战绩大幅提升，从之前赛季的联盟倒数，瞬间变成了一支季后赛球队！48胜34负，他们稳稳占据中西赛区第二名！

两个人的搭配几乎天衣无缝，桑

箭气长红　　　　　　　　　　　　　　　　　　　　　休　斯　敦　火　箭　传

普森强硬霸道，奥拉朱旺柔中带刚，一个擅长大开大合，一个擅长绵里藏针。休斯敦也在两人眼花缭乱的配合之下，自 1982 年之后，首度杀回季后赛。虽然在季后赛他们在犹他爵士面前暴露了年轻球员的不稳定和稚嫩，被爵士 3 比 2 淘汰出局，但人们已经对这支火箭队充满了期待。

两个七尺男儿能够带给这支球队更长远的未来吗？答案显然是：能！

接踵而来的 1985/1986 赛季，两人用更加梦幻的表演证实了这一答案。

值得一提的是，这个赛季开始之前，一向坐拥一个球星之后就一毛不拔的休斯敦管理层终于开始为"双塔"兄弟投注心血了，或者是他们因为摩西·马龙的拂袖而去受到了教训，或者是他们在"双塔"身上看到了争霸联盟的希望，总之他们花了很大的力气补强球队，先后引入罗德尼·麦克雷、路易斯·劳埃德、吉姆·皮特森、米切尔·威金斯、约翰·卢卡斯二世、阿伦·利维尔等一干各有特色的悍将，为"双塔"保驾护航。

休斯敦管理层的努力，让这支火箭队终于呈现出一飞冲天的势态。他们整个赛季势态凶猛，几乎一路狂胜，最终竟然获得 51 胜 31 负的不俗战绩。他们的战绩赫然已经仅次于如日中天的洛杉矶湖人，占据了西部联盟第二名的位置。这也是球队首次成为分赛区冠军（中西赛区冠军），而 51 胜也是球队建队以来的最佳战绩。

不过伴随而来的，也有一个不太好的消息，在这个赛季场均打出 15.5 分和 8.8 次助攻的球队主力控卫约翰·卢卡斯二世却因为三月份未能通过联盟药检而不能参加季后赛了。而另外一位球队重要轮换球员利维尔也因伤缺战即将到来的季后赛。

不过这一切显然无法阻止"双塔"带领火箭队前进的脚步。

季后赛首轮对战已经更名的萨克拉门托国王队，已经打疯了的"双塔"疯狂肆虐对手的内线，而休斯敦一拥而上，没有给羸弱的对手任何机会。3 比 0！休城第一次在季后赛中完成对对手的横扫，并且场均净胜对手 14 分之多！

分区半决赛，对阵三号种子丹佛掘金队，职业生涯都是第一次杀入季后赛第二轮的"双塔"却丝毫无惧。前两战，他们带领球队打得无比强硬，最终以 18 分和 7 分的优势终结对手。但前往客场的第三场和第四场，他们却遭遇了丹佛疯狂的反扑，最终败下阵来。第五场开始之前，"双塔"在更衣室里疯狂地给球队打气，休斯敦的凝聚力上升到了一个无与伦比的高度，每个球员都从心里想要疯狂"屠杀"对手。事实也是这样，第五场比赛，他们疯狂"屠杀"丹佛 28 分之多，根本没有给"高原人"一丝一毫的反击余地。

66

HOUSTON ROCKETS

第六场比赛，被他们逼到悬崖边上的丹佛人发起了更为疯狂的反扑，一度将比赛拖入了难解难分的僵局，直到第二个加时，休城才在"双塔"的强势带领下，以126比122送走"高原人"。

休斯敦上下喘息未定，一个更强悍的敌人已经出现在他们的面前——洛杉矶湖人！

坐拥贾巴尔、"魔术师"、詹姆斯·沃西的湖人，在他们的"Show Time"时代被认为是除凯尔特人以外无人能够战胜的球队。因此在比赛开始前，无论媒体还是球迷都一边倒地认为，火箭队的好运就到此为止了。

然而，"双塔"和休斯敦上下拒绝这样的结果。比赛第一场，他们在湖人强大的威压下有些找不到节奏，直接over。但第二场开始，他们让所有轻视他们的人都跌碎了眼镜——一波四连胜，他们直接将不可一世的洛杉矶人送回老家！

在最引人瞩目的第五战，整场比赛都充满了火药味。第四节关键时刻，奥拉朱旺和库普切克甚至挥拳相向，相继被驱逐出场。下士换上将，湖人在对子上胜了一筹，终场1秒钟前，终于凭借这个"计谋"带给火箭的负面影响，将比分锁定为112比112。就在生死关头，桑普森创造了奇迹！他从油漆区顶端游弋至左边禁区，卡住贾巴尔后要到了位置。麦考瑞将球抛向空中，桑普森空中接球后转身即投。随着终场哨声响起，球砸到了篮筐前端，微微转了一圈后，入网！

太神奇了！休斯敦凭借着桑普森这一神奇的绝杀，完成了重新杀回总决赛的壮举。

这一刻，整个斯台普斯球馆的观众席鸦雀无声，只听到休斯敦火箭队板凳席上疯狂的呐喊声。

冲天之旅多磨难

1985/1986—1987/1988

休斯敦对阵洛杉矶的那个系列赛虽然只有五场，却足够让整个美国为之震惊。除了桑普森最后时刻的绝杀，奥拉朱旺的个人表现，也惊为天人。他在最后三场分别拿下40分、35分和30分，虽然关键时刻被驱逐出场，却也让他登上了《体育画报》的封面，要知道那可是当时美国最权威的体育杂志，而且远比现在的ESPN要公正得多。

休斯敦"双塔"的威力几乎让美国人都开始相信，他们能够创造奇迹，哪怕接下来他们要面对的是伯德统率的铁血"绿衫军"。

1985/1986赛季的波士顿凯尔特人依然延续着他们传承自"红衣主教"的无限辉煌，他们的领军人物"大鸟"伯德也一直都是可以拿来和迈克尔·乔丹、张伯伦、拉塞尔等联盟顶尖的超级巨星相提并论的人物。在那个赛季，伯德已经连续第三次捧起常规赛MVP奖杯，得分、篮板、抢断、罚球命中率和三分球命中率都在联盟名列前茅，并且他还能场均送出6.8次助攻，带领球队拿下67场胜利，这一切仿佛都在向稚嫩的火箭宣告着主权。

年轻的火箭却并不买账，无论桑普森还是奥拉朱旺，他们都全身心地投入到总决赛的备战当中，他们知道波士顿的强大，但他们心中也有一个信念：你可以踩着我们的尸体登上总冠军的王座，但我们决不轻言放弃！

1986年总决赛的序幕刚一拉开，年轻的休斯敦人就奋勇而上。然而形势却并没有因为他们的拼搏而有所好转，首战开启，他们就被经验老辣的"绿衫军"牢牢占据优势。桑普森和奥拉朱旺在和波士顿内线的缠斗中连连吃亏，双双陷入犯规困境。休斯敦也因为二人被对方战略所困而一筹莫展，毕竟他们所有的战术体系都是围绕"双塔"开展的，一旦"双塔"吃瘪，球队马上陷入无人得分的困境之中。于是乎，结局显而易见，在波士顿花园球场，他们被"绿衫军"先下一城。

第二战，"绿衫军"故技重施，休城依旧没有任何破解之道，再次被"绿衫军"抢下一场胜利。回到休斯敦尖峰球馆，连输两场的火箭终于爆发，"双塔"也相继发威，带领球队在第四节一度落后8分的情况下完成逆转，以106比104终结对手。

第四场大战，休斯敦依旧打得异常艰苦，不过他们凭借顽强的战斗力，在第三节依

第四章／"大梦"起舞　　　　　　　　　　　　　　　HOUSTON ROCKETS

然保持着领先优势，第四节他们更是和凯尔特人开始交替领先大战。关键时刻，"绿衫军"的总决赛经验保证了球队在最后时刻的领先，麦克海尔挺身而出，在最后时刻连续三次破坏休斯敦的进攻，而这三次失误，也让火箭队错失好局，直接葬送了比赛。

生死战第五场，火箭队如果再负，一个赛季的努力更将付诸东流。但年轻球队的心浮气躁又给了凯尔特人施展谋略的机会，桑普森在比赛第二节没有禁得住对方球员杰里·希奇丁的挑衅，拳击对手被驱逐出场。"双塔"缺一，奥拉朱旺主动挑起重担，整场比赛送出三记超级"大火锅"，竟然带领球队取胜，将系列赛总比分改写为3比2，将生死悬念延续到了第六场比赛。

不过显然"双塔"和休斯敦的好运气也就到此为止了，伯德和凯尔特人被第五场的失利彻底激怒，回到主场的他们大发神威，已经油尽灯枯的休斯敦完全不是对手，全场净负17分，带着无尽的遗憾和希望告别了1985/1986赛季。

虽然总决赛失利，但球队的整体架构完整，阵容磨合已经完成，未来的休斯敦再度成为无数球迷希冀的未来。

然而，世事总是在你满怀希望的制高点，给你当头一棒。

已经隐隐一副王者之师的休斯敦，却在休赛期遇到了大麻烦。首先是球队首发组织后卫约翰·卢卡斯二世，这名球员早在1986年3月12日早晨，因为酗酒和吸食可卡因而在训练场晕倒，这是他第二次犯下这样的错误了。迫于无奈，休斯敦将他送入恢复中

 箭气长红　　　　　　　　　　　　　　　　　　　　　休 斯 敦 火 箭 传

心进行治疗。无独有偶，继他之后，休斯敦另外两名后卫劳埃德和威金斯也相继陷入了滥用药物的麻烦，彻底打碎了火箭再次向总冠军冲击的希望。

休斯敦最好的三名后卫球员都彻底宣告无缘接下来的赛季，他们的缺席，也让刚刚升起的火箭瞬间困难重重。更糟糕的是，1986/1987赛季，伤病也找上了休斯敦，"双塔"之一的桑普森受到伤病困扰只出战了43场比赛。

1985/1986赛季的火箭在球队历史上处于巅峰状态，不过不久之后他们就自己土崩瓦解了。最终1986/1987赛季的休斯敦火箭队只取得了42胜40负的战绩，仅仅位列中西赛区第三名，虽然季后赛首轮他们淘汰了开拓者完成晋级，但在分区半决赛中，他们被西雅图超音速完全压制，最终被对手4比2淘汰出局。

这个赛季，唯一让休斯敦球迷欣慰的就是，桑普森的缺战给奥拉朱旺腾出了足够的成长空间，"大梦"在攻防两端成长迅速，已经逐渐代替桑普森成为球队领袖，场均更是能够贡献24.3分、11.4个篮板和3.39次封盖，并最终入选联盟最佳阵容。

然而"大梦"的成长还不足以支撑休斯敦的前进，在接下来的1987/1988赛季，桑

第四章／"大梦"起步　　　　　　　　　　HOUSTON ROCKETS

普森和主教练比尔·菲奇之间的矛盾彻底激化，桑普森的伤病隐患也让球队万分担心。于是在赛季刚一开始，球队便将桑普森交易到了金州，换来了"沉睡者"埃里克·弗洛伊德和中锋乔·巴里·卡罗尔。

这一交易让矛盾的获胜者主教练菲奇大为开心，他宣称这支火箭已经比1986年杀入总决赛的火箭还要强大。

但事实和他所描述的却大相径庭，常规赛火箭46胜36负的战绩差强人意，在季后赛更是以1比3被达拉斯小牛轻松击败。赛季结束后，恼怒不已的休斯敦管理层将这位大言不惭的主教练解雇，唐·切尼接过教鞭，走马上任。

然而摆在新任主教练和球队管理层面前的休斯敦，已经千疮百孔了，再也经不起任何无意义的折腾。

第五章
梦幻时代

箭气长红 / 休斯敦火箭传

 箭气长红　　　　　　　　　　　休 斯 敦 火 箭 传

火箭步入梦时代

1988/1989—1989/1990

在经历过"药物风波""将帅不和"之后，休斯敦管理层已经深深地陷入忧患之中，这支火箭队急需完成彻底的改造，才能重新回到正确的轨道上来。

球队管理层在经历过一番剧烈的思想斗争之后，终于开始了休斯敦火箭的"重建之路"，他们先是把乔·巴里·卡罗尔和莱斯特·康纳送往新泽西，从而得到篮网队的即战力蒂姆·麦考米克和弗兰克·约翰逊；随后又将罗德尼·麦克雷和吉姆·皮特森打包到了萨克拉门托交易来潜力无限的奥蒂斯·索普——休斯敦无限看好这位天赋异禀的大前锋。

索普身高2.08米，是来自普罗维登斯大学的一名强力前锋。早在大学期间，他就已经依靠势大力沉的大力扣篮名动江湖。休斯敦将索普招入帐下的目的就是弥补桑普森离开留下的内线空缺，同时给休斯敦的台柱子奥拉朱旺找个"保镖兼打手"。

索普也确实不负休斯敦人的众望，他确实为休斯敦的内线挑起了一片天地。在他留在休斯敦的岁月里，他的2分球投篮命中率和扣篮数一直排名联盟前列。从1987年开始到1993年为止，他一共完成878次暴力扣篮，球馆里经常回荡着他扣完篮后宣泄一般的怒吼声。在这怒吼声中，无数对位球员的脸上写满了不甘和屈辱——他们刚刚经历完索普的胯下"洗礼"。诚然，索普无法和天赋绝伦的桑普森相提并论，但他确实是一个合格的蓝领球员，以及振奋球队士气的最佳良药。

1988/1989赛季，在奥拉朱旺日趋成熟的梦幻舞步和索普雷霆重扣的带领下，弗洛伊德、迈克·伍德森、巴克·约翰逊等一干休城将士生生在西区杀出一条血路，以45胜37负的战绩再度杀回季后赛。然而等待他们的却是西雅图超音速，超音速以无可匹敌的力量对他们进行的血腥"屠杀"。3比1，休斯敦人输得一点脾气也没有了。不过，值得庆幸的是，奥拉朱旺还在稳定成长，在那个赛季，他连续三次进入联盟最佳阵容的第一阵容，并一举以场均13.5个篮板夺得联盟篮板王的桂冠。同时，他还史无前例地为球队奉献了200+次抢断和200+次封盖，逐渐成长为一名在内线无所不能的超级巨星。

那个赛季，也是奥拉朱旺作为休斯敦火箭队毫无争议的领军人物的第一个赛季。而唐·切尼被任命为主教练之初，球队管理层就已经下达了这样的任务——他们不希望主

第五章 / 梦幻时代　　　　　　　　　　　　　　　　　　　　　　　HOUSTON ROCKETS

教练和当家球星再有任何矛盾产生。在因为这样的矛盾失去海耶斯、马龙乃至桑德斯之后，他们已经不想，也不能再失去奥拉朱旺这个能让球队中兴的唯一希望了，他们承受不起这样的损失了。切尼主教练也幸不辱命，他和奥拉朱旺相处得很融洽，奥拉朱旺也在主帅的支持之下坐稳球队核心，场均24.8分、13.5个篮板、3.4次封盖的数据无可挑剔，而在季后赛时，他更是疯狂地把这一数据提升到了37.5分、16.8个篮板，让人无不震惊！

接下来的1989/1990赛季，看到了阵容潜力的休斯敦并未对球队阵容进行大规模的调整，而随着摆脱麻烦的米切尔·威金斯回到阵中，球队也拥有了除了奥拉朱旺和索普的第三大火力点。那个赛季，三个人在得分火力方面都能带给球队不错的支持，其中，

奥拉朱旺赛季场均 24.3 分,索普场均 17.1 分,威金斯场均 15.5 分,休斯敦的"三驾马车"似乎已经成为未来几年球队的核心组合。那个赛季,球队还从圣安东尼奥搞来了弗农·麦克斯维尔,并同时给了约翰·卢卡斯二世一次重生的机会。

账面上的兵强马壮并没有让休斯敦真正成为强队,从赛季开始,他们就莫名其妙地陷入失败的泥沼之中,苦苦挣扎。开始他们的胜率还一直在 50% 上下徘徊,可进入 12 月份之后,他们却突然找不到北了。直到新年之后,他们才似乎重新找到了一点点赢球的感觉,不过他们依旧只能勉强维持 50% 左右的胜率。一直到赛季结束,他们才勉强通过最后一场比赛的胜利将战绩锁定在 41 胜 41 负,仅仅在中西赛区排名第五,跌跌跄跄地挤入了季后赛。

1990 年季后赛首轮面对洛杉矶湖人,他们的表现只能用"让人失望"来形容,作为一支季后赛球队,他们似乎从一开始就没做好迎接季后赛的准备。从系列赛第一场比赛开始,他们就对湖人的进攻毫无办法。切尼主帅也用尽浑身解数去调配、调动球员,但结果却差强人意,很多球员似乎已经开始琢磨休赛期要去哪里风流快活了,根本没有决战洛杉矶的心思。于是,休斯敦对阵湖人的系列赛成了一边倒的"屠杀",又是 3 比 1,球迷们还没反应过来,他们的主队就被湖人送回了老家。

球队整个赛季的失利,让人心灰意冷。唯一让休斯敦管理层和球迷内心尚存一丝暖意的,就只剩下了他们的招牌人物——哈基姆·奥拉朱旺。1989/1990 赛季,经历过几个赛季淬炼、洗礼的奥拉朱旺,已经成长为内线球员中的模板人物,他的场均篮板球整整超出另一位超级中锋大卫·罗宾逊两个之多,场均封盖更是达到令人发指的 4.6 次。而凭借这些表现,他也一跃成为自 1973/1974 赛季联盟统计封盖数据之后,第一个达到场均篮板 14+、封盖 4.5+ 的球员。同时,他也比肩贾巴尔、比尔·沃顿成为联盟历史上仅有的三位一个赛季内集篮板王和盖帽王于一身的怪物球员。

在 1990 年 3 月 4 日,休斯敦对阵金州的比赛中,他更是爆砍 29 分、18 个篮板、10 次助攻和 11 次封盖,职业生涯首度"四双"在望,不过联盟似乎不愿意成就这番美事,在重新观看比赛录像后,联盟取消了奥拉朱旺 10 次助攻当中的 1 次,"四双"转瞬间流水花落去。不过,奥拉朱旺也很快再次用全能身手进行回敬,在不久之后对阵雄鹿的比赛中,他再度拿下 18 分、16 个篮板、10 次助攻和 11 次封盖。

这一次,"四双"牢牢在握!

伤病压垮紫金梁

1990/1991—1992/1993

1990/1991赛季，在赛季开始之前，球队将蒂姆·麦考米克和约翰·卢卡斯二世送到亚特兰大换来肯尼·史密斯以及罗伊·马布尔。球队还在寻找补强的办法，肯尼·史密斯这位未来著名的篮球节目主持人，彼时也是一位非常不错的球员，他的到来完美填补了休斯敦阵容的射程长度以及火力覆盖问题。

他和哈基姆·奥拉朱旺、奥蒂斯·索普、弗农·麦克斯维尔和巴克·约翰逊等人很快形成了良好的化学反应，球队的先发阵容也逐步稳定了下来。在阵容磨合之中，休斯敦度过了他们三分之一个赛季，并取得了17胜13负的不俗战绩。然而，天有不测风云，人有旦夕祸福，就在休斯敦磨合完毕，准备和天下群雄逐鹿中原、一争长短的时候，奥拉朱旺却被人一肘子送到了伤病名单当中。

1991年1月3日的比赛中，比尔·卡特莱特给了奥拉朱旺脆弱的眉骨重重的一击，直接导致了这位休斯敦的擎天白玉柱眉骨挫裂。这次受伤，也让奥拉朱旺直到同年2月28日才重新披挂上阵，也让休斯敦的阵容磨合整整拖后了两个月才宣告完成。不过在奥拉朱旺缺阵期间，休斯敦在主教练切尼的带领下拧成了一股绳，他们竭尽全力赢下了25场比赛中的15场，为奥拉朱旺的伤愈归来奠定了不错的战绩基础。

待到"大梦"伤愈复出，休斯敦一发不可收拾，他们无可匹敌地拿下了剩下27场比赛中的20场胜利。整个赛季他们狂取52胜30负的绝佳战绩，一路浩浩荡荡扑向季后赛的赛场。

凭借这样的执教表现，那个赛季，主教练切尼也收获了执教生涯第一座最佳主教练奖杯。受到伤病影响缺战26场的奥拉朱旺，却因为缺战次数过多，没有达到联盟统计的最低要求，与篮板王失之交臂，没有完成雄霸篮板榜三联庄的伟业。不过，他场均3.95次的封盖却依旧领袖群伦，依旧高居封盖榜首位。

季后赛开始了，休斯敦的好运气似乎又一次走到了尽头，他们首轮的敌人正是老对手洛杉矶湖人。这一次，他们依旧没有任何反抗能力，3比0就被老对手再度送回了老家。唯一值得欣慰的就是，奥拉朱旺在系列赛第二场比赛中神仙附体般地送出10次"火锅"，创造了NBA季后赛单场的最高封盖纪录。

 箭气长红　　　　　　　　　　　　　　　　　　　　　休　斯　敦　火　箭　传

接踵而至的 1991/1992 赛季，休斯敦裹挟上赛季被湖人横扫的冲天怒火，来势汹汹，迅速取得 8 胜 2 负的不错开局。但随后，他们再度莫名其妙地找不到赢球的感觉了，到了 1992 年 2 月 21 日，他们的战绩仅仅是 27 胜 27 负，这之后，他们的状态也并没有任何好转，连带着主教练切尼都遭到战绩连累，于 2 月 18 日黯然下课。球队大胆启用助理教练、球队的功勋老臣汤姆贾诺维奇担任球队临时主教练，汤姆贾诺维奇临危受命，大胆启用全新阵容和战术，一举带领球队打出 11 胜 4 负的冲击波，一起开始向利好的方向发展。

就在汤姆贾诺维奇摩拳擦掌想要大有一番作为的时候，一个消息如同晴天霹雳突然传来："大梦"奥拉朱旺想要在赛季结束之后离开球队！

"大梦"想要离开球队的理由，和海耶斯、马龙大致相同，他不满意球队引援不力，

或者说根本无心补强球队——休斯敦管理层一直以来都存在这样的问题，他们更关心球馆的上座率，而非球队的战绩。或者，作为一个商业运营团队来说，他们并没有错。但是对奥拉朱旺、马龙、海耶斯这种求胜欲望超级强悍的球星来说，这一点是非常致命的。当休斯敦一旦拥有了他们其中一人，球馆的上座率就有了相当的保障，他们开始不愿意再多花一分钱去补强球队，毕竟就算花上大价钱补充一些超级球星，他们也不过是有机会多打几场比赛而已，这和那些球星的薪水，简直不成正比。

球队管理层的不作为，让连续四年止步季后赛首轮的奥拉朱旺忍无可忍。在赛季初球队战绩

第五章／梦幻时代　　　　　　　　　　　　　HOUSTON ROCKETS

尚可的时候，他还能忍耐，但球队再度陷入泥潭，让他终于爆发了出来，他指责球队管理层关注的只有盈利，从不关心球队战绩。而是非中的管理层的决策似乎也不够理性，他们也开始和奥拉朱旺对峙，甚至站出来指控奥拉朱旺因为不满合同而假装伤势逃避比赛。奥拉朱旺勃然大怒，他开始在公开场合咒骂球队老板查理·托马斯以及球队管理层。球队管理层也不甘示弱，他们放出风声要在赛季结束后将奥拉朱旺"处理"掉。

一时之间，休斯敦鸡飞狗跳、一片混乱，在无数媒体有心无意的推波助澜下，休斯敦的闹剧更是愈演愈烈。球队也受到闹剧的影响，好不容易追回来的战绩，更是一路欠账，汤姆贾诺维奇更是欲哭无泪，只能眼睁睁地看着球队在最后一个月以5胜10负的战绩凄凉收官，躺在了距离季后赛门槛咫尺之遥的地方。

1991/1992赛季在一片人心惶惶中拉下了帷幕，竞争对手们已经对即将被摆上货架的奥拉朱旺垂涎欲滴了。眼看一场亲者痛、仇者快的戏码就要上演。

哪知道，世事神奇，看起来不可调和的奥拉朱旺和管理层之间突然间产生了不可思议的剧情逆转。1992/1993赛季开始之前，火箭和超音速代表联盟去日本打了两场国际赛，就在这次日本之旅的航班上，汤姆贾诺维奇使尽浑身解数把奥拉朱旺和管理层们拉到了一起，没有人知道当时他们谈论了什么，又如何解开了看起来已经毫无回旋余地的深仇大恨。人们知道的就是，当火箭队的航班降临东京机场，当奥拉朱旺微笑着走下飞机，之前赛季的矛盾已经荡然无存了。而汤姆贾诺维奇也从临时主教练正式接过休斯敦的教鞭。

嘿，世事当真神奇！

休赛期，火箭队在汤姆贾诺维奇的"神奇"运作下，终于完成了奥拉朱旺梦寐以求的补强，他们先是签下了来自亚拉巴马州、身高2.06米的新秀罗伯特·霍里填补了火箭首发小前锋的空缺。然后，搞来了一批稀奇古怪但异常强悍的替补球员：在委内瑞拉打球的大前锋卡尔·赫雷拉，身高2.08米、三分球命中率达37.4%的前锋马特·戈登·布拉德，还有来自加利福尼亚大学欧文分校、身高1.80米的控球后卫斯科特·布鲁克斯。

零件齐备，汤姆贾诺维奇开始着手施展他神奇的法术，将这些优质球员打造成他心目中的强悍劲旅。而这支球队的基石正是休赛期回心转意的奥拉朱旺，汤姆贾诺维奇对"大梦"的依仗也确实是发自内心的。

而面对汤帅的信任，奥拉朱旺自然不会辜负，可以说，1992/1993赛季的奥拉朱旺是无可匹敌的，他不但完美成为球队最佳的黏合剂，将球队战力融汇一炉，个人表现上也震惊四座。那一年他拿下职业生涯最高的场均得分26.1分，同时还有13.0个篮板、4.17

79

箭气长红　　　　　　　　　　　休　斯　敦　火　箭　传

次封盖入账。

那一年，他无与伦比的梦幻进攻脚步已臻化境，背身跳投等十八般进攻武器更是炉火纯青。而在防守端，他也让"防守大师"这一称号实至名归。在篮球场上，他无所不能，他就是君临八方的王者！哪怕在那个年代，联盟拥有着大卫·罗宾逊、帕特里克·尤因、沙奎尔·奥尼尔、阿朗佐·莫宁，乃至迪肯贝·穆托姆博等一干内线飞将，他依然是其中最强悍、最无可匹敌的一个。

那个赛季，他的精彩演出赢得了所有人的认可和尊重，联盟将最佳防守队员的奖项授予了他，承认了他的防守能力已经蜕变为"宗师级"。除此之外，他还入选了联盟最佳阵容的第一阵容和防守第一阵容，并在当季 MVP 评选中仅次于查尔斯·巴克利。

在汤帅和奥拉朱旺的精诚合作之下，休斯敦火箭再度飞上云霄，赛季结束的时候，他们以 55 胜 27 负笑傲赛区。

季后赛在不远处向他们招手致意，欢迎他们的再度到来。

这一次，奥拉朱旺和汤姆贾诺维奇又能带给休斯敦怎样的精彩呢？

第五章／梦幻时代　　　　　　　　　　　　　　　HOUSTON ROCKETS

帮主归隐群雄起

1993/1994

1992/1993赛季，依靠奥拉朱旺单核带队的休斯敦火箭已经初露王霸之气。首轮，他们和洛杉矶快船的战斗颇为荡气回肠，对方在实力不及休斯敦的前提下，使尽浑身解数和火箭队纠缠到了第五场，最终才以3比2惜败。分区决赛，休斯敦迎战西雅图超音速，这一次奥拉朱旺和他的火箭兄弟们战斗到了最后一刻，打光了最后一发子弹——他们直到第七场生死战的加时赛才被对手以3分之差终结了这一年的季后赛之旅。

虽然再度过早地结束了季后赛征程，但奥拉朱旺和休斯敦人都看到了球队的希望。在休赛期，一个让整个联盟都为之震惊的消息传来：迈克尔·乔丹宣布退役了！

这个消息让休斯敦上下都为之一振，事实上，除了公牛队，联盟的其他球队都因为这个消息而振奋不已——乔丹的存在，让联盟的总冠军都似乎失去了悬念。他带领的芝加哥公牛几乎成了"无敌"的代名词，就在刚刚结束的1992/1993赛季，他才带领公牛队完成了一波三连冠。迈克尔·乔丹就是神一样的存在，不管是在球迷心中，还是在其他球队的球员心中。

虽然，奥拉朱旺多少有些不甘心，他也并不是一个甘居人下之辈，他是一个强者，是强者就会对无法企及的高峰拥有挑战的欲望。乔丹的退役，多少让他有所失落，毕竟在华山论剑的巅峰，少了一个惺惺相惜却又一定要光明正大击败的对手。

不过，奥拉朱旺也很快收拾心情，毕竟乔丹的离去带给了联盟巅峰的统治真空，是休斯敦登上顶峰千载难逢的绝佳良机。

联盟的其他球队也打着同样的算盘，于是在1993/1994赛季一开始，几乎所有的球队都在同时发力，都希望能够在这场皇位争夺战中占据先机。休斯敦火箭队也是如此，只不过他们在外界的一片喧闹声中略显安静，安静得甚至有些可怕。他们在开局输掉第一场比赛之后，悄悄地连续赢下了15场比赛——这创造了联盟历史上一个不错的纪录。

然后，他们输了一场球，不过马上又找回状态，又是一波七连胜！球队的管理层已经笑得合不拢嘴了，他们已经向着队史最佳战绩悄悄发起了冲锋。休斯敦的火热表现，让人们把习惯性地对公牛的注视转移到了他们的身上，赛季过半的时候，已经有人开始预测那个赛季的冠军得主非他们莫属了。

 箭气长红　　　　　　　　　　　　　　休　斯　敦　火　箭　传

赛季结束的时候，虽然休斯敦的小半程稍稍有所疲软，但他们依旧创造队史地拿下58胜。在西部，他们排名第二，仅仅落后他们之前赛季的苦主西雅图超音速。这一切，很大程度上要归功于汤姆贾诺维奇主教练对球队的调教，以及球队核心奥拉朱旺表现出的出众的领袖能力。

汤帅在这个赛季终于把之前一片散沙、各自为战的休斯敦人凝聚在了一起，在他的运筹帷幄之中，球队的每个人都找到了自己的位置，并心甘情愿地为球队贡献力量。而奥拉朱旺也迎来了自己职业生涯的另一层的突破，他几乎凭借一己之力把球队整个战术体系运转了起来：进攻端，他是最主要的进攻发起点，依靠他炉火纯青的"梦幻舞步"，在对手目眩神迷、目瞪口呆的时候，给予敌人最致命的攻击；防守端，他是休斯敦内线最可靠的内线屏障，他迅捷的反应能力、精准的站位、冷静的补防，让休斯敦的禁区成了联盟最固若金汤的防线。除此之外，他还充分运用自己的低位威胁，牵扯、撕裂对手的防线，给队友创造独一无二的进攻空间，并及时输送炮弹，帮助队友完成进攻。

奥拉朱旺的成长让休斯敦受益匪浅，他一系列的进攻和威胁转换，成功地让休斯敦创造了球队三分球出手次数和命中次数的联盟纪录；而他强大稳定的内线防守更让休斯敦缔造了一个赛季最低失分纪录。

奥拉朱旺，让休斯敦看起来无可匹敌！

常规赛结束的时候，奥拉朱旺的赛季技术统计是如下的数字：平均每场贡献27.3分（联盟第三），11.9个篮板（联盟第四）以及3.71次封盖（联盟第二）。而他也实至名归地将1993/1994赛季常规赛MVP和最佳防守队员奖项收入囊中。

休斯敦人猛然间发现，拥有奥拉朱旺是多么美好的一件事。休斯敦管理层在那个赛季的每个夜晚都是微笑着入睡的，他们兴奋联盟最强大的中锋是这支球队的中流砥柱，他们也庆幸，之前那些纷纷扰扰的矛盾平静地消弭了，不然如果真的交易了奥拉朱旺，他们就将成为这支球队的千古罪人。

1993/1994赛季的季后赛，在休斯敦上下奇妙的幸福中开始了。

季后赛首轮，他们面对的是奥拉朱旺休斯敦大学时期的队友克莱德·德雷克斯勒带领的波特兰开拓者队。开拓者并非"鱼腩球队"，他们在不久之前还曾杀入过总决赛，可惜的是面对如日中天的乔丹，德雷克斯勒只能自认联盟第二分位，然后带着波特兰人黯然回家。

　　这一次和奥拉朱旺的对决，德雷克斯勒更是有些无语，休斯敦的强大让波特兰丝毫没有还手之力，他只能强忍着内心的痛苦，眼睁睁看着奥拉朱旺带着休城铁骑兵不血刃地解决了他的波特兰，杀向分区半决赛。

　　解决了波特兰，奥拉朱旺和休城面对的下一个对手是查尔斯·巴克利领衔的菲尼克斯太阳——这是一支极其难缠的球队，"查尔斯爵士"本人也是NBA联盟历史上数一数二的难缠对手。因此，这个系列赛休斯敦人打得异常艰难。"巴爵士"的太阳一上来就异常凶猛，他们以微弱优势在休城主场干掉了火箭。

　　大比分0比2落后已经不太好了，更何况输的两场都是主场。不过奥拉朱旺和火箭显然也不是易与之辈，既然对手在自己的地盘击败了自己，那么我们就到对手的主场去"屠杀"他们吧！第三场，休斯敦大发神威，狂胜菲尼克斯16分；第四场，他们再度赢了11分。总比分2比2！系列赛被拉回原点！接下来回到休斯敦，他们再接再厉，对巴克利和他的太阳队再度举起屠刀，疯狂"屠杀"菲尼克斯23分。但第六场，似乎有些后劲儿不足的休斯敦被菲尼克斯人再度挫败，系列赛进入生死大战。

　　姗姗来迟的第七场比赛，并没有赛前人们预料得那般悬念迭起，已经休养生息充分的奥拉朱旺没给菲尼克斯任何机会，整场比赛尽在火箭队的控制之中，最终他们以10分之差送巴克利和菲尼克斯人回家钓鱼。仿佛在半决赛中开了窍，休斯敦突然顿悟"天人合一"，变得无法阻挡，西部决赛面对犹他爵士竟然没有遇到半分抵抗，狂胜独守，自1985/1986赛季后首次挺进总决赛，再度登上世界篮球最巅峰的舞台。

第六章
双冠巅峰

箭气长红 / 休斯敦火箭传

 箭气长红　　　　　　　　　　　休 斯 敦 火 箭 传

力挫尤因第一峰

1993/1994

  1993/1994 赛季的总决赛，其实是两位超级中锋之间的旷世之战。

  哈基姆·奥拉朱旺对阵帕特里克·尤因的巅峰之战，流传了无数传说、故事以及争论。

  那一年的总决赛，也是 NBA 联盟建立伊始最为激烈、最为精彩纷呈的一次总决赛。无数观众都通过电视转播观看了那次总决赛，那次总决赛的系列赛每场比赛的得分都没有超过 100 分，那是 1954/1955 赛季 NBA 实行 24 秒进攻规则之后，第一次发生这样的状况，双方的防守严酷程度可见一斑。那个系列赛每场比赛的分差也都没有超过 10 分，平均也只有 6.1 分，也足见双方血拼到了什么样的程度。

  刺刀见红、白刃肉搏！旷古绝今的一场厮杀，就这样在休斯敦和尼克斯之间铺陈开来。即便今天透过已经泛黄的视频影像，我们似乎还能嗅到那种惨烈的味道，那似乎是传承自人类冷兵器时代独有的血腥味道。

  总决赛第一场，开局休斯敦就迎来了尼克斯队近乎拼命似的肉搏厮杀，这是 20 世纪 90 年代大苹果城球队最引人注目的标签，从尤因这座城市的图腾人物开始，到整支尼克斯队，似乎对近身搏斗都充满着强烈的欲望。奥拉朱旺的"灵魂舞步"丝毫没有畏惧尼克斯"绞肉机"内线的重重绞杀，他酣战到最后一刻，记分板上他的得分统计也到了 28 分。在他的带领下休斯敦上下毅然决然地和尼克斯奋战到了最后一刻，尽管他们第四节仅仅有 13 分入账，但他们还是在这场血肉搏斗里笑到了最后。85 比 78！他们赢下了总决赛的揭幕战。这一战，索普也表现出色，他得到了 14 分、16 个篮板。不过这一战，更引人瞩目的则是斯派克·李。这位大导演是纽约尼克斯的铁杆儿球迷他竟然在休斯敦搞到了一个场边座位，身穿尼克斯球衣的他在休斯敦的狂潮里犹如一叶孤舟，一个恍惚，就被淹没了。

  第二场，一个休斯敦熟悉的面孔带领尼克斯摧毁了休斯敦的防线，这个人就是德里克·哈伯，20 世纪 90 年代的球迷都会记得他，他曾经是达拉斯小牛的王牌"休城杀手"。哈伯在赛季中期被小牛送到了尼克斯，而这一战，他再度发挥自己"一遇休城成王侯"的变态属性——终场前 4 分钟，休城领先尼克斯一分，他挺身而出，一记潇洒的跳投命中，帮助尼克斯夺得领先位置。两分钟后，他以一记更加潇洒的三分球，彻底让休城欲哭无泪。此役，此君一人再次完成面对休城的超水平发挥，一人独得 18 分！除了他，尼克斯外线

　　虎将斯塔克斯也得到19分。而两人联手的尼克斯防线咄咄逼人，直接让休城一众将领失魂落魄，肯尼·史密斯6投1中，萨姆·卡塞尔8投2中，麦克斯维尔更是一人"贡献"7次失误。

　　83比91，尽管不甘心，但也要承认尼克斯此役魔高一丈，休城输得心服口服。

　　第三场前往纽约应战对手，休城将士刚一进入麦迪逊花园球馆，迎面而来的就是铺天盖地的嘘声。但奥拉朱旺和火箭队并没有受到尼克斯球迷的影响，他们从比赛一开始就努力掌控局势，在第二节甚至一度将比分差距扩大到了16分。42比26，似乎胜利就在眼前。然而，一向以铁血著称的尼克斯怎么可能甘心束手就擒，在第三节依旧被火箭甩开14分之后，他们在第四节打出了顽强的风骨，再度依靠"绞肉磨盘"一般的打法，用内线纠缠奥拉朱旺，并对所有休城球员进行压迫防守，慢慢地将比分迫近。最终在第四节的关键时刻，他们追平了比分，并通过哈伯的再一次潇洒跳投命中，将比分反超为88比86！计时器上的时间只剩下了52秒钟！关键时刻，奥拉朱旺拍马杀出，他再度祭出"梦幻舞步"想要给自己制造得分机会，然而尼克斯瞬间上来球员包夹，几乎给奥拉

 箭气长红　　　　　　　　　　　　　休斯敦火箭传

朱旺来了个"包饺子"。在合围即将完成的当口，奥拉朱旺用余光发现了已经埋伏在三分线外的萨姆·卡塞尔。"唰！"一记长传，奥拉朱旺精准地将皮球送入卡塞尔的手中。"唰！"清脆的破网声响起，从不知道什么叫畏惧的卡塞尔，毫不犹豫，果断出手，皮球正中靶心！

93比83，休斯敦火箭凭借卡塞尔的关键进球，锁定胜利，总比分2比1！

接下来的第四场、第五场比赛，已经落后的纽约人发起极其凶猛的反扑，他们牢牢控制住了篮板球。休城面对凶悍的尼克斯，似乎有些束手无策，他们接连败下阵来，总比分纽约领先了他们，3比2，只要休斯敦再输一场，就要回家钓鱼了。

在第六场比赛开始之前，休城上下气氛有些凝重，他们集中在一起开了个小会，认真地讨论了关于尼克斯的一些问题。最终，奥拉朱旺狠狠地砸了一下桌子，坚决地说道："既然他们把总冠军奖杯从纽约运到了休斯敦，我们就不能再让他们运回去！"

第六场比赛一开始，已经没有退路的休斯敦发起了凶狠的进攻，不过尼克斯依然凭借强悍的防守与休城对抗到了最后一刻。比赛的关键时刻，休城领先2分，但是球权在

尼克斯。最后一个暂停的时候，帕特·莱利在战术板上疯狂地画着，他想要为约翰·斯塔克斯创造一个近乎完美的绝杀机会。暂停结束，两队回到球场之上，尼克斯上下将莱利主教练的战术执行得完美无瑕：尤因执行挡人，其他球员四散吸引火箭的防守、拉开空间，斯塔克斯无球跑位，最终拥有了一个"完美"的空位。然而，就在斯塔克斯轻松起跳、扬手的瞬间，一个巨大的黑影如神兵空降——奥拉朱旺！他在被尤因阻挡的一瞬间，突然察觉了对手的企图，当机立断，他果断放弃了想要和他纠缠的尤因，扑向了已经准备手起刀落的斯塔克斯。

斯塔克斯绝杀的一击已经出手，皮球在出手的那个瞬间，所有球迷的心都被提到了嗓子眼！然而，稍晚来到的奥拉朱旺在最后关头破坏了莱利、斯塔克斯和尤因的演出。他的手轻轻刮到了已经出手的篮球边缘，这改变了篮球飞翔的既定轨迹，球没有按照计划落入篮筐，索普用尽全身力气将皮球拍向一个没人的角落。86比84！休斯敦有惊无险地度过了这个劫难，拥抱了第六场的胜利！

第七场生死大战，已经恨休斯敦到极点的尼克斯一开始就打出了疯狂的进攻。他们开始一度领先休斯敦，但随后火箭在第二节还以7比0的攻击波，并重新夺回领先优势。不过尼克斯自然不会轻言放弃，他们在终场前一直紧咬比分，直到还有三分钟的时候，他们将比分迫近到了75比78。危急关头，奥拉朱旺再度挺身而出，他漂亮的勾手命中，帮助球队稳住局势。然后在尼克斯进攻未得手之后，他再度掌控进攻，再次施展"梦幻舞步"，将尼克斯众人晃得七荤八素后，一记妙传，将皮球送到埋伏在三分线外的麦克斯维尔手中。麦克斯维尔起跳、出手！幸不辱命，命中三分球！83比75，从此时开始，一向铁血的尼克斯终于出现了丝丝松动，他们连续攻击不中，消磨掉了时间，在生死大战最终以84比90输给了奥拉朱旺和他的火箭队。

这个夜晚休斯敦疯狂了！是的，毫无节制地疯狂了！他们终于完成了一捧奥布莱恩杯的终极梦想！奥拉朱旺、麦克斯维尔、索普、卡塞尔，一干休斯敦众将都陷入了一种前所未有的狂热欣喜之中。

这个系列赛的MVP，自然也非奥拉朱旺莫属。他平均每场26.9分的得分，让所谓的得分高手们纷纷汗颜，毕竟能以血肉之躯在尼克斯的"血肉磨盘"中砍下如此分数，奥拉朱旺不亏联盟第一中锋的头衔。

1993/1994赛季是奥拉朱旺最为丰收的一个赛季，他同时将常规赛MVP、总决赛MVP和年度最佳防守球员奖集于一身，成为联盟历史上第一个完成此壮举的球员。

第六章／双冠巅峰　　　　　　　　　　　　　HOUSTON ROCKETS

双雄联手卫冕路
1994/1995

在成功捧得奥布莱恩杯之后，休斯敦还会创造怎样的奇迹呢？是夺得一枚总冠军戒指就满足了？还是效仿比尔·拉塞尔、迈克尔·乔丹建立一个属于休斯敦的王朝呢？

不管如何，人们还是对休斯敦的1994/1995赛季充满了期盼，他们殷切地希望休斯敦能够再度斩获50胜的佳绩。在休赛期的选秀大会上，没有什么选秀权的火箭队并没有任何动作，毕竟，他们仅仅拥有一个第二轮54顺位的签位，实在难有什么大作为。管理层也近乎随意地挑选了一个得州本土球员阿尔伯特·伯迪特，这位新秀看起来平平无奇，休斯敦也自然不会对他抱有什么幻想，在NBA发展联盟沉浮一段时间后，伯迪特就消失在人们的视线当中了。

这个休赛期，休斯敦看起来被盛大的总冠军游行消耗了所有力气，除了爆出主教练汤姆贾诺维奇酒后驾车，并拒绝接受酒精测试而入狱一晚的花边新闻，就再没有任何事情进入公众的眼帘。

平静，出奇的平静。或者这个休赛期，就是休斯敦最真实的写照。

休斯敦的平静一直持续到1994/1995赛季的开局，养精蓄锐一整个休赛期的火箭队看起来兵强马壮，他们顺利打出一波九连胜，梦幻般的开局似乎暗示着他们即将重演之前赛季的精彩典故。然而，彼时的西部联盟已经悄然发生了变化，西雅图超音速、圣安东尼奥马刺、菲尼克斯太阳等球队都悄然补充了短板，实力都有显著增长。一开始，这些变化还并不足够影响到休斯敦火箭，但随着各大强队完成了磨合，休斯敦一瞬间发现了自己已经深陷强敌的包围之中。

尤其是在全明星赛前后，休斯敦连吃败仗，战绩定格在30胜17负——他们在九连胜之后，仅仅获得了14胜13负，然后再次吃了一波败仗。最让人担心的是，在全美直播的对阵芝加哥公牛的比赛中，休斯敦在全美观众热切的注视下，丝毫没有强队风范地输掉了比赛。81比100的比分触目惊心，更让休斯敦心惊肉跳的是，这还是对阵没有迈克尔·乔丹的芝加哥公牛。

于是，充满忧虑的声音从球队管理层中传了出来，已经有人开始未雨绸缪，担心球队这个赛季的前景。汤姆贾诺维奇甚至在球员休息室内大发雷霆，在对阵公牛的第二天

就召开了全体球员会议，他直言不讳地批评了球队的每一个成员，包括奥拉朱旺。他认为球队在成功拿下总冠军之后，已经志得意满，球员们懒散成风，在赛场上没有丝毫进取之心，他更直接地表达了对这支球队的失望之情。

汤帅的愤怒，多少激起球队的一些斗志，火箭在之后的六场比赛中赢下了其中的五场。可惜球队的问题已经有些积重难返了，他们在之后的比赛里依然显得斗志不足，甚至有些球员在比赛落入下风的时候会主动放弃比赛。球员们的表现，让本来还有所犹豫的球队管理层下定了决心——眼看着交易截止日就在眼前，他们将让这支球队有所变化！

第一个决心处理的球员是麦克斯维尔，当赛季二月份这个曾经的休斯敦外线悍将在对阵开拓者的比赛中和球迷发生了冲突，当时他受不了后排观众对自己口出恶语的举动，于是冲上了球迷看台大打出手。这本来并不足以让管理层痛下改变的决心，但之后麦克斯维尔依旧我行我素，一副"我是夺冠功勋，你能奈我何？"的样子，终于彻底激怒了球队管理层。

不过休斯敦管理层还没有失去理智，麦克斯维尔是一名不错的球员，在没有得到足够的筹码，以及没有出现能够填补他离去空缺的球员的时候，他们还不会动他。在寻找替代麦克斯维尔的球员时，休斯敦把目光放到了奥拉朱旺大学时代的队友、开拓者伤病缠身的领军人物德雷克斯勒身上。

彼时，身在波特兰的德雷克斯勒过得并不快乐，作为带领这支球队两度杀入总决赛的功勋臣子，他在伤病的时候并没有得到球队足够的尊重，而已经逐渐走入职业生涯暮

第六章 / 双冠巅峰　　　　　　　　　　　　　　　　　　HOUSTON ROCKETS

年的他，内心也产生了想要去一支能够夺冠的球队的想法。

休斯敦人这个时候找上门来，让已经厌倦德雷克斯勒伤病的波特兰人和休斯敦人一拍即合，但他们拒绝接收麦克斯维尔。于是休斯敦只能将内线悍将索普和另一名禁区球员布兰特送往波特兰，从而迎来德雷克斯勒和射手特雷西·穆雷。送走两名内线，休斯敦的内线突然陷入无人可用的境地，他们本想让罗伯特·霍里填补索普留下的空缺，皮特·奇尔卡特则当作替补。但事情却没有按照他们规划的发展，在德雷克斯勒的交易前，内定的先发大前锋霍里因为左膝肌腱拉伤而进入了伤病名单；另一个有望客串大前锋的卡尔·赫雷拉也因为背部拉伤一并在场边穿起西装观战。奇尔卡特被赶鸭子上架，送上了首发大前锋之位。

奇尔卡特拼尽了全力，但最终受制于他的能力，他并没有打出什么精彩的成绩。休斯敦也因为内线的无人可用，一度陷入连败的困局之中。好不容易熬到了霍里和赫雷拉伤愈归队，奥拉朱旺和麦克斯维尔却再度躺下。

真是屋漏偏逢连夜雨，漏船却遇打头风。

休斯敦一直到当赛季四月初，才逐步把伤愈的球员迎接回来，而这个时候，休斯敦的战绩已经因为这段时间的折腾，而远远被同行列强队抛在身后了。赛季下半程，他们仅仅收获17胜18负，胜率低于50%，根本不像一支上赛季刚刚拿下总冠军的王者之师。

更让休斯敦人头疼不已的是，他们好不容易凑齐了首发五人组，季后赛却已经在眼前了。要知道，德雷克斯勒加入这支球队之后，他们还没度过磨合期，或者，他们的磨合期还没开始，季后赛就已经开始了。

一时之间，休斯敦的管理层因为这桩交易彻底焦头烂额了。媒体都在叫嚣、批评这桩交易的失败，他们认为这桩交易就是导致休斯敦后半段糜烂战绩的罪魁祸首。管理层的赌博失败了，他们看起来迎来了一个超级分位，但事实上，破坏了球队原本不错的化学反应。更要命的是，麦克斯维尔和德雷克斯勒竟然爆出不和的传闻，或者，只是麦克斯维尔单纯地对德雷克斯勒不满而已，他不喜欢现在的火箭队，因为德雷克斯勒的到来，让他失去了原本稳固的首发位置。

疯狂的专家和媒体开始把满腔的愤懑倾泻在德雷克斯勒身上，他们横挑鼻子竖挑眼地在德雷克斯勒的每场比赛中寻找"德雷克斯勒不适合休斯敦"的各种罪证，从而论证他们"休斯敦交易德雷克斯勒纯属失败之举"的观点。

在一片风雨飘摇中，1994/1995赛季的季后赛徐徐拉开帷幕。

 箭气长红　　　　　　　　　　　　　休斯敦火箭传

死亡之吻克太阳

1994/1995

　　1994/1995 赛季季后赛的首轮，休斯敦对阵的依旧是老对手——犹他爵士队，之前的 1993/1994 赛季，他们就是在第一轮和爵士狭路相逢。那时，休斯敦以 4 比 1 的绝对优势收拾了"犹他双雄"。但这一次，尚在磨合期的火箭，似乎不能那么轻松地过关了。

　　首轮第一场比赛，犹他爵士就在约翰·斯托克顿和卡尔·马龙的带领下和他们纠缠到了最后时刻。比赛仅仅剩下 8 秒的时候，双方战到 100 比 100，斯托克顿发动爵士赖以成名的挡拆战术，在轻灵地晃过防守队员之后，单刀直入杀入篮下，上篮得分！休斯敦马上叫了暂停，汤帅立即布置了最后的绝杀——麦克斯维尔溜到底线，找到空位，三分出手。然而皮球却没有像他之前投中的那些绝杀球一样落入篮筐，皮球弹出了篮圈，他的绝杀失败了——这记投篮也成了他在休斯敦真正意义上的最后一投。

　　没有命中绝杀的麦克斯维尔丧失了再次为休斯敦征战的念头，赛季早些时候，德雷克斯勒的到来，让他失去了球队首发的位置，这已经让他无数次产生想要离开的念头了。而这次绝杀失利，竟然成了压垮骆驼的最后一根稻草，他不想再为这支球队效力下去了，他觉得这次绝杀的失败，是因为他无法说服自己的内心。尽管汤帅在赛后和他进行了深谈，但他还是以伤病为理由拒绝为球队出战。球队的管理层在一阵面面相觑之后，终于下定了决心，他们宣布麦克斯维尔将无限期离队，这也等于在这个赛季之后，这位在 1993/1994 赛季帮助球队

夺冠的功勋之臣马上就要离开休斯敦。

麦克斯维尔的离去，并没有让休斯敦军心动摇，反倒意外地激起了球员们内心熊熊燃烧的火焰，他们开始义无反顾地把战友离去的怒火倾泻在犹他爵士身上。第二场比赛，火箭的三分球如雨般砸向犹他，他们全场命中19记三分球。仅肯尼·史密斯一个人就命中7记三分球，而且仅仅用了8次出手，他全场贡献32分，带领休斯敦以140比120取胜，在总比分上逼平对手。

犹他的报复在第三场来临，卡尔·马龙几乎成了所有休斯敦人的梦魇。他整场比赛凭借一双铁肘在休斯敦阵中无人能敌。最终在他全场32分、19个篮板的强势表现下，爵士以95比82再度挫败火箭，拿回主场优势。

第四场比赛，昔日休斯敦大学的战友德雷克斯勒和奥拉朱旺双双爆发，双人组终于显示出无敌的威力。德雷克斯勒独得41分，而奥拉朱旺也有40分入账，两人联手带领球队以123比106再度挫败爵士，将总比分扳平。

第五场首轮生死之战，战况愈加惨烈。开始的时候，休斯敦还能占据一定的领先优势，但随着时间的流逝，爵士一点点开始将比分追回。上半场终场前，杰夫·霍纳塞克一记飞刀般的三分球命中，帮助爵士以2分反超火箭。待到下半场归来，异地再战的爵士突然间神灵附体，他们打出一波攻击波，一举奠定了两位数的领先优势。这次换到休斯敦上演追分好戏了！比赛还剩下四分钟的时候，他们终于把比分缩小到了7分。关键时刻，汤帅突然改变防守战术，他先连续喊出几次暂停，干扰了犹他人的进攻部署，然后针对马龙布置了大量双人包夹。汤帅的战术奏效，犹他突然陷入迷失，休斯敦不会放过这个机会，在一顿穷追猛打之后，他们在最后时刻反攻成功。95比91！休城淘汰犹他！只留下了尚未回味过来的满场爵士球迷。

送走爵士，火箭的半决赛对手依然是熟悉得不能再熟悉的球队——菲尼克斯太阳。

这两支球队在上个赛季的生死大战中结下了不少仇怨，尤其是菲尼克斯的当家球星查尔斯·巴克利，这位NBA历史上数一数二的大前锋一直对休斯敦充满着怨念，毕竟在"乔帮主"飘然离去的时刻，如果不是奥拉朱旺和火箭横空出世，他或者早就如愿以偿地捧起了NBA总冠军奖杯。

休斯敦坏了他的好事，以"查尔斯爵士"睚眦必报的性格，自然要还以颜色。

因此，当两支球队再度在季后赛赛场相遇，就只剩下惨烈的厮杀了。第一战，双方就打得异常火爆，不仅队员之间横眉冷目、杀气腾腾，就连球员和裁判之间都上演了互

 箭气长红　　　　　　　　　　　　休　斯　敦　火　箭　传

相瞪视的戏码。比赛第二节开始不久，德雷克斯勒完成了一记漂亮的抢断，正要进行一次潇洒的快攻时，却突然听到哨声响起，当值裁判唐奈竟然"慢半拍"地吹了德雷克斯勒抢断犯规。惊诧不已的德雷克斯勒停下快攻的脚步，回头瞪向"肇事者"，不想唐奈却因为他这一"回眸"再度响起哨声——技术犯规！已经被唐奈的"无理取闹"搞得怒火中烧的德雷克斯勒转身就想过去找唐奈理论，结果哨声再次响起，唐奈竟然再次给了德雷克斯勒一次技术犯规！就这样，德雷克斯勒莫名其妙地就被裁判驱逐出场了。失去外线核心的休斯敦，再也没有状态，球队浑浑噩噩地就以108比130输掉了第一场比赛。

这种气氛似乎有些延续到了第二场，休斯敦球员甚至觉得联盟故意和他们做对，有些不想让他们拿下菲尼克斯。这边厢，火箭患得患失，那边厢，巴克利却突然爆发，打出一场漂亮的比赛，休斯敦再次吞下一场败仗——总比分2比0！

两场失利让休斯敦终于冷静了下来，他们也成功地发现了菲尼克斯阵容的缺陷。太阳队太依赖巴克利了，他们利用巴克利打开缺口，需要巴克利进攻得手，从而吸引休斯敦的防守注意力，吸引包夹，然后依靠其他精准射手的无球跑位，获得出手空间，然后外线炮火发威，拿下比赛。

洞悉了菲尼克斯战术核心的休斯敦马上采取应变对策。他们用奥拉朱旺精心"照顾"巴克利，同时无论如何也不对巴克利采用任何包夹。这些对策在第三场比赛发挥了决定性的效果。通过奥拉朱旺这位最佳防守球员对巴克利的"细心照料"，之前不可一世的"巴爵士"前十次出手全部打铁，休斯敦以118比85痛宰菲尼克斯。

巴克利岂是易与之辈，第四场比赛，他马上变换打法，出手更加理智冷静，并开始避开和奥拉朱旺的1对1游戏。于是，在他前八次出手全部命中之后，休斯敦万般无奈地再度对

他采取了包夹战术。获得内线牵制,菲尼克斯的外线再度扬威。太阳也以 4 分优势将火箭斩落马下,总比分 3 比 1!休城只要再输一场,就要回家钓鱼了。

就在第五场开始之前,一个晴天霹雳——德雷克斯勒竟然病倒了!休城上下的心猛地一沉,谁都知道依靠奥拉朱旺和德雷克斯勒内外配合的休城,一旦失去德雷克斯勒到底会变成什么样。不过就在比赛开始的 30 分钟前,德雷克斯勒却拖着虚弱的身体出现在所有人震惊的目光之中。

哀兵必胜!休斯敦在德雷克斯勒的鼓舞下疯狂了!他们拼尽全力和太阳纠缠到了常规时间的最后时刻。在巴克利两罚一中之后,太阳领先火箭两分。关键时刻,奥拉朱旺挺身而出,他的"梦幻舞步"再度发威,一记勾手之后,帮助火箭成功将比赛拖入加时。在加时赛,好运降临休城,随着霍里关键时刻出刀命中三分球,休城最终以 103 比 97 力克太阳,艰难地赢下这场比赛。

第六场,菲尼克斯似乎气数将尽,他们连续被火箭外线的炮火轰得体无完肤,更让火箭队创下季后赛单场三分球命中纪录。116 比 103,休斯敦终于再度将总比分扳平,同时将系列赛拖入第七场生死大战。

抢七大战,休斯敦开场先声夺人,他们首节就以 26 比 13 领先菲尼克斯。不过菲尼克斯马上展现出破釜沉舟的英勇气概,他们在第二节反超休斯敦 15 分之多。第三节,休城也展开反击,大病未愈的德雷克斯勒在奥拉朱旺领到第四次犯规下场休息之后,里

突外投，一人狂揽 14 分，几乎凭借一己之力，在第三节带领休城以 81 比 79 完成反超。

待到第四节奥拉朱旺归来，"大梦"也同样无解。他的"梦幻舞步"连连展开，几乎将菲尼克斯的内线防守视若无物。比赛最后一节，他也独得 14 分，一个人将菲尼克斯的凶猛反扑狠狠地抵挡了下来。112 比 112！双方将悬念留在了最后！休斯敦球权！

在所有人惊诧的目光中，罗伯特·霍里竟然送出一记横跨半场的长传，皮球正好落到了埋伏在左侧底脚的马里奥·埃利手中。时间还剩下 7.1 秒，太阳中锋丹尼·谢伊斯在犹豫是否放弃防守奥拉朱旺去补防埃利的瞬间，马里奥·埃利起跳、扬手，皮球出手！球在天空中画出一道美丽的弧线，最终"唰！"的一声落入篮网。

休斯敦绝杀成功！埃利几乎兴奋得晕了过去，他亲吻着自己的两根手指——这个场景就是日后被广为流传的"死亡之吻"。

得州内战斩上将

1994/1995

1994/1995 赛季西部季后赛有个奇妙的地方。休斯敦火箭队的领军人物奥拉朱旺是 1994 年常规赛的 MVP，而他半决赛的对手，菲尼克斯太阳队的领军人物巴克利是 1993 年的 MVP，在奥拉朱旺战胜了巴克利之后，他的下一个对手，圣安东尼奥马刺队的领军人物"海军上将"大卫·罗宾逊竟然是那个赛季当季的 MVP。

罗宾逊之所以当选赛季 MVP 是因为他带领的马刺队竟然打出了 62 胜 20 负的战绩，他们傲视整个 NBA 联盟。

不过，这个 MVP 却也让他和奥拉朱旺之间产生了微妙的恩怨——罗宾逊在 MVP 颁奖的时候，感谢了无数人，却唯独漏掉了一直被拿来和他比较的奥拉朱旺。事后，罗宾逊面对媒体的提问，也只是撇撇嘴，淡淡地来了句："抱歉，我当时忘记了。"事实上，谁都知道，他对于自己一直被拿来和奥拉朱旺相提并论并不满意，虽然两人的赛季统计数据差不多，但球队战绩却天差地别，罗宾逊开始不愿意被人拿来和奥拉朱旺比较，他的心里认为自己的马刺如日中天，NBA 总冠军已经就是掌中之物了。之于休斯敦火箭，天知道，在经历过这么多波澜之后，他们要沉落到什么时候。

罗宾逊的轻视，给他在系列赛招致了职业生涯最难堪的麻烦。

在系列赛开始之前，没有人看好内忧外患的休斯敦火箭。毕竟，当时的马刺异常强大，除了罗宾逊，还拥有丹尼斯·罗德曼、肖恩·埃利奥特、维尼·德纳格罗、艾弗里·约翰逊等精兵强将，更有道格·里弗斯和摩西·马龙两位老将坐镇板凳席，为球队掌舵风雨。

不过系列赛的走势却让所有人大吃一惊。前两战，休城胜得干净利落。第一战，他们凭借"关键先生"罗伯特·霍里一次关键时刻的手起刀落，将圣安东尼奥斩落。第二战，奥拉朱旺开始爆发，他彻底将圣安东尼奥的主场当成了"梦幻舞步"的舞台。41 分！罗宾逊被彻底打得没了脾气。圣安东尼奥痛苦地咽下又一场失利。

接下来的两场比赛，马刺队终于显示出了一点点联盟首席球队的威势，他们连下两城，将大比分扳平。然而，他们的好运显然就此到头了，被罗宾逊激怒的奥拉朱旺在接下来的两场比赛中彻底爆发，一场 42 分，一场 39 分、17 个篮板的大号"两双"，带领休城击溃了圣安东尼奥最后的反攻。

值得一提的是，曾经获得 MVP 时不可一世的罗宾逊在这个系列赛被奥拉朱旺彻底打爆。整个系列赛，他只有场均 23.8 分、11.3 个篮板、2.7 次助攻和 2.2 次封盖，命中率也不过 44.9%；反观他对位盯防的奥拉朱旺，近乎在他面前予取予求般地拿下了 35.3 分、12.5 个篮板、5.0 次助攻以及 4.2 次封盖的史诗级数据。

开始的两场比赛，罗宾逊还能和奥拉朱旺有所僵持，打到最后两场比赛的时候，他似乎已经被"大梦"吓破了胆，在赛场上竟然一再要求队内的防守专家丹尼斯·罗德曼过来换防奥拉朱旺。出乎他意料的是，天不怕地不怕的罗德曼拒绝了他的要求。罗德曼认为罗宾逊这样的举动是懦夫行为，他对奥拉朱旺的畏惧，让罗德曼对他充满了轻视。

赛季结束之后，罗德曼甚至对着无数媒体的话筒宣称："罗宾逊就是一个胆小的懦夫！他甚至不敢和奥拉朱旺做任何正面的对抗！"

不论罗宾逊的为人是否如"大虫"所说的那般不堪，但谁都看出罗宾逊对奥拉朱旺毫无办法，这正是马刺系列赛失败的主要原因。罗宾逊为他的狂傲付出了惨重的代价！

05

巅峰戏鲨两冠成

1994/1995

告别圣安东尼奥，奥拉朱旺和休斯敦再度启程，这一次，有一个历史级的伟大中锋站在了他的对面——沙奎尔·奥尼尔，空前绝后的联盟“大鲨鱼”带领着他的魔术和休斯敦一起站在了世界篮球巅峰的舞台之上。

以新生代球星奥尼尔和安芬尼·哈达威为基石建立的奥兰多魔术，在“乔帮主”刚刚复出的赛季，打出了史诗级的战绩。他们一路轻松过关，来到了总决赛舞台，以逸待劳地等待着休城和圣城的胜者向他们发起挑战。

总决赛第一场，在双方快节奏的攻防节奏之下，两支球队打出了逆天的高分比赛。年轻的奥兰多人，进攻如同水银泻地一般流畅迅速，相反休斯敦似乎有些暮气昭昭，似乎完全跟不上年轻人的脚步了。第二节的时候，奥兰多已经以57比37领先休城了。形势危急，汤帅当机立断，放弃了奥拉朱旺和奥尼尔之间的纠缠，迅速布置球队在肯尼·史

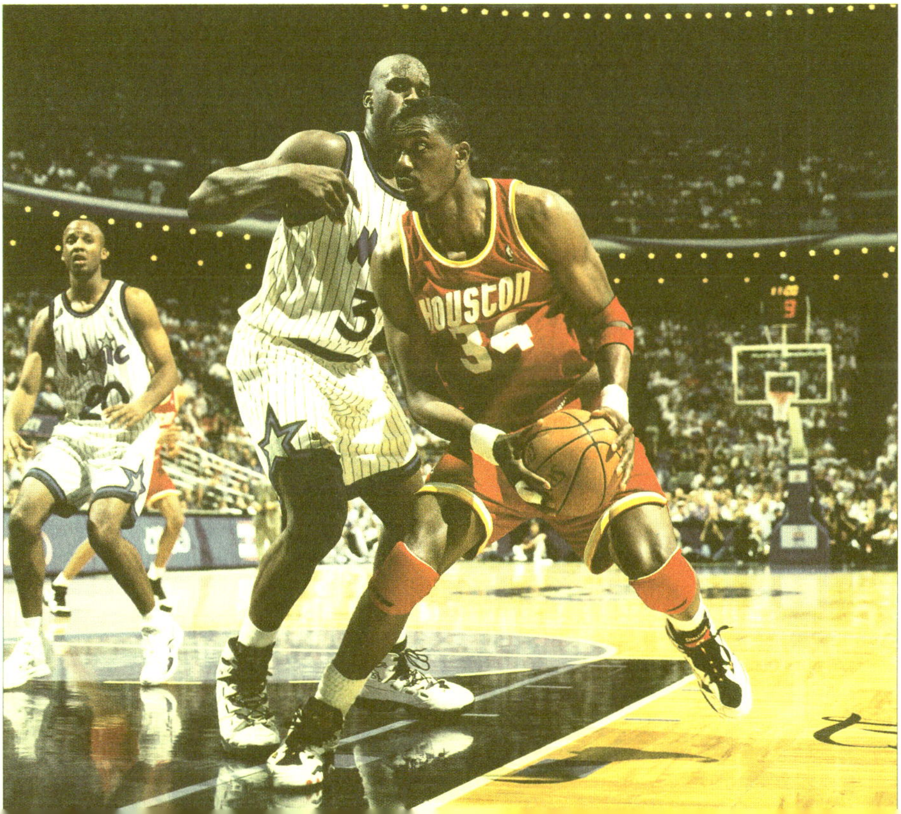

密斯的带领下展开疯狂的三分球反攻。

措手不及的奥兰多人在休斯敦人的一顿狂轰滥炸之下，本来的领先优势瞬间荡然无存。在下半场，休斯敦竟然已经反超了9分之多。不过被打蒙的魔术队在第四节终于回过味儿来，他们也发起对轰反击。在比赛还剩下1.6秒就要结束的时候，魔术队完成了反超——110比107！休斯敦火箭眼看就要命葬此地了。

关键时刻，肯尼·史密斯挺身而出，他将比分追平，将比赛拖入加时。加时大战，双方依然杀得难解难分，再次杀到了最后时刻。加时赛结束前5.5秒，斯科特为奥兰多射入关键三分球，追平比分。休斯敦火箭球员德雷克斯勒以最快速度接球，突破，甩开防守队员，完成上篮，然而皮球却意外地弹筐而出！当全场球迷的心脏马上就要随着皮球飞出的时候，一只大手从天而降，在还有1/3秒的时刻轻轻碰触到了皮球，皮球反弹之后，轻轻地落入篮筐。休斯敦完成了绝杀！完成绝杀的球员是奥拉朱旺！

第一场比赛的失利给了魔术队重大的打击，心理上的压力让这支"青年近卫军"有些茫然无措。他们曾经无限接近胜利，无数次领先对手两位数的优势，但他们却眼睁睁地看着对手从地上爬起来，然后把他们打翻在地。

或者，这就是火箭队的精神风骨所在吧，休斯敦就好像是一只"得州大蟑螂"，当你一脚踩下去，以为它已经死了，可当你抬起脚，却发现它依然在那里四处乱窜。

奥兰多显然被休斯敦这只"大蟑螂"彻底吓到了。他们在接下来的比赛中再也没有第一场那么气势汹汹。第二场比赛，火箭的三分球雨劈头盖脸地打得他们进退失据，他们被迫将防守半径无限扩大，却因此给了休斯敦无数突入内线翻江倒海的机会。结果，他们让卡塞尔在油漆区附近砍下31分，奥拉朱旺更是砍下34分、11个篮板，球队自然

HOUSTON ROCKETS

兵败如山倒，以117比106败下阵来。

连输两场的奥兰多自然不甘心就此结束，他们在第三场发起了凶狠的反击。然而，上帝似乎一直站在休斯敦这边，在比赛还有14秒的时候，他们已经逼平了休斯敦，明显还有机会完成绝杀。但是，霍里在关键时刻出刀，彻底斩断了他们绝杀的希望。106比103，没有人能在3比0落后的情况下完成系列赛的逆转。绝境，已经就在他们眼前了。

第四场比赛，当所有人都以为奥兰多的小伙子们即将溃不成军的时候，奥尼尔带领的球队让人领略到了求生的欲望。他们还是一直和休斯敦纠缠到了最后一节，甚至第四节刚开始的时候，奥尼尔抢下篮板完成进攻，还让球队领先了休斯敦1分。但很快，他们就在老辣的火箭队面前彻底溃败了，休斯敦人打出了22比9的攻击波。最终比分是113比101，休斯敦彻底将奥兰多驱逐出局，赢下了虽然只有四场但却艰辛无比的总冠军系列赛。

1995年总决赛中的奥拉朱旺延续了他整个赛季的"逆天"表现，他场均贡献32.8分、11.5个篮板、5.5次助攻和2.85次封盖，再度成为球队卫冕成功的首功之臣。而在系列赛中，他和奥尼尔之间"火星撞地球"一般的对决，更成了球迷津津乐道的话题。

第七章
王朝难觅

箭气长红／休斯敦火箭传

 箭气长红　　　　　　　　　　　休 斯 敦 火 箭 传

火箭再组"三巨头"

1995/1996—1996/1997

1995年，联盟再度将总决赛MVP的奖杯颁给了奥拉朱旺，这是他职业生涯第二座总决赛MVP奖杯，成为迈克尔·乔丹之后，第一个卫冕总决赛MVP殊荣的球员。

在他的带领下，休斯敦所有球员都有着上佳的表现。球队的"二当家"德雷克斯勒季后赛场均贡献20.5分、7.0个篮板和5.0次助攻，而卡塞尔、埃利、史密斯、霍里等也纷纷打出了整个赛季最好的表现。

球队的精彩发挥，让主教练汤姆贾诺维奇万分欣慰，在捧起奥布莱恩杯之后，眼含热泪的汤帅发出了让休城万古传颂的赞叹："没有球队取得过我们这样的成就，我们仅以第六名的身份进入季后赛，我们在系列赛中曾经被推到悬崖边，这一路走来，有很多怀疑者不信任我们。现在我有一句话要对这些人说，'永远不要低估一颗总冠军的心'。"

毋庸置疑，1994/1995赛季的休斯敦火箭是伟大的，尽管他们在常规赛经受了众多波折，但这些波折也让他们的第二枚总冠军戒指充满了传奇的色彩。

人们都希望自己所爱的球队能够一直胜利下去，但这是不现实的事情，花无百日红。接下来的1995/1996赛季，休斯敦开始体验从巅峰滑落的苦涩滋味。常规赛，他们只比之前的赛季多赢了一场比赛，48胜34负的战绩，仿佛之前赛季的重演。不过，他们也创造了一项纪录：自从奥拉朱旺加盟火箭，他们已经连续12个赛季胜率高于50%。

这足以证明奥拉朱旺带给休斯敦的真实价值了。尤其是1995/1996赛季，已经征战了10多年的奥拉朱旺依然未见丝毫老态，他依然能够场均贡献26.9分、10.9个篮板、2.88次封盖的恐怖数据，向世人证明着他还在巅峰。当赛季二月份，当他携手德雷克斯勒入选全明星的时候，人们已经开始讨论总决赛"大梦"对决"帮主"的精彩大戏了。

不过，最终人们还是没有看到大戏的上演。整个赛季饱受伤病困扰的休斯敦火箭，完全找不到在夺冠赛季时的状态了。虽然，他们在首轮挫败了"魔术师"带领的洛杉矶湖人，但在次轮他们遭遇了他们最不愿意面对的对手——西雅图超音速。

在20世纪90年代，西雅图超音速一直作为"休斯敦杀手"而存在，在加里·佩顿和肖恩·坎普的"黑风双煞"彻底崛起之前，他们就曾在1993年以惊天地泣鬼神的七场斯杀终结火箭。在常规赛的遭遇战中，他们也几乎占据了绝对上风。在1995/1996赛季

HOUSTON ROCKETS

季后赛开始之前,他们已经保持对休斯敦的九连胜了。

这个系列赛,似乎也不过是这些胜利的延续,西雅图在佩顿和坎普的率领下,一开始就对火箭进行了毫无节制的疯狂攻击。3比0,他们轻松连下三局,把上届冠军狠狠地逼到了绝境。然而,休斯敦似乎对西雅图毫无办法,汤姆贾诺维奇用尽了战术技巧,还是没能在第四场争取到一丝一毫的战略优势,超音速一度领先火箭20分之多,眼看一场血腥的"大屠杀"就要上演了。

危急关头,罗伯特·霍里挺身而出。他连续命中5记三分球,带领球队慢慢从落后的泥沼之中挣扎着爬了出来。最终,他成功将比赛拖入加时。然而,在加时赛,"黑风双煞"带领的西雅图再也没给休斯敦任何机会,他们手起刀落结束了比赛,让上届冠军痛苦地咽下惨遭横扫的结局。

1996年季后赛惨遭失败的休斯敦突然意识到了球队的问题:奥拉朱旺和德雷克斯勒不管如何无人能敌,但终究廉颇老矣。休斯敦已经悄无声息地走到了十字路口,他们必须要选择是围绕二老完成补强,再争夺一枚总冠军戒指,还是干脆推倒重建。

一番挣扎之后,休斯敦的管理层选择了前者,毕竟奥拉朱旺和德雷克斯勒看起来还具备相当的战斗力,最起码两三个赛季,他们还能维持在巅峰状态。围绕他们再引入一

位球星,来争夺总冠军,显然还是具有相当可能性的。

于是,在休赛季,他们将目光放在了菲尼克斯太阳的身上,彼时他们的核心球星查尔斯·巴克利似乎过得并不开心,他想要一枚总冠军戒指,很显然,菲尼克斯并不具备这样的实力。休斯敦抓住机会向菲尼克斯抛出了橄榄枝,交易很快完成,不过他们付出了萨姆·卡塞尔、查基·布朗、马克·布莱恩特和罗伯特·霍里四名不错的球员,才迎来了价值不菲

107

的"查尔斯爵士"。

休斯敦"三巨头"终于组成，不过，那个时候，任谁也没想到，这并不是一笔划算的交易。为了巴克利，他们付出了太多，几乎掏空了板凳席，这似乎成了他们在接下来的新赛季再度惨遭失败的主要原因。

不过在休赛期，无论是休斯敦管理层还是球迷都远远没有意识到这一点，巴克利的到来让他们喜出望外，奥拉朱旺、巴克利和德雷克斯勒的组合足以在 NBA 历史上的任何一个赛季让人产生无数遐想。

就在休城上下浮想联翩的时候，1996/1997 赛季的战火重燃。

常规赛，"三巨头"的威力几乎无人能敌，"查尔斯爵士"很快融入球队，他整个常规赛贡献了 19.2 分和 13.5 个篮板，奥拉朱旺和德雷克斯勒也似乎丝毫没有受到巴克利到来的影响，他们依旧打出漂亮的数据：其中奥拉朱旺场均贡献 23.2 分、9.2 个篮板以及 2.22 次封盖；德雷克斯勒也有 18.0 分、6.0 个篮板以及 5.7 次助攻入账。三人的配合似乎异常融洽和流畅。休斯敦也在三人的带领下，一路过关斩将，整个赛季获得 57 胜 25 负的绝佳战绩。同时休斯敦还或平或破了球队 32 项历史纪录，其中包括队史最长的客场 27 连胜，并完成了连续 13 个赛季胜率过半的壮举。

同时，三个老家伙也让球队的新生力量们受益匪浅，因为大把即战力被交易，当年的新秀马特·马龙尼被推上首发，但他显然很适应这样的角色，整个赛季时不时就有精彩的表现。老将马里奥·埃利也聊发少年狂，场均 42.0% 的三分球命中率昭示着自己的宝刀依旧能够见血封喉。临时签约的球员凯文·威利斯、赛达勒·斯瑞特和埃迪·约翰逊也补充了板凳深度和球队经验。

总冠军，似乎已经再度向休斯敦招手了。

季后赛开始的时候，似乎一切都向着正确的方向发展，他们在首轮对阵明尼苏达森林狼的时候，几乎一路势如破竹没有遭遇任何抵抗，轻松横扫对手。

但西区半决赛，当他们再度遭遇老对手西雅图超音速的时候，一切就没有那么轻松了。系列赛刚开始，对之前赛季失利耿耿于怀的休斯敦上下一心，很快以大比分 3 比 1 领先对手。不过，"黑风双煞"岂是易与之辈，他们很快在第五场和第六场完成了对休斯敦的反扑。3 比 3，两支球队再度回到原点。生死大战，拥有了巴克利的休斯敦不再惧怕飞来飞去的"雨人"，他们再也没有给西雅图任何机会，轻松拿下胜利，挺进西区总决赛。

第七章 / 王朝卫冕　　　　　　　　　　　　　　　　HOUSTON ROCKETS

西决对手，依然是休斯敦的"老朋友"——卡尔·马龙和约翰·斯托克顿的爵士队。之前两次季后赛的较量中，都是休斯敦技高一筹。但是1996/1997赛季的犹他爵士已经洗筋伐髓般完成了脱胎换骨，他们那个赛季以64胜18负的战绩高居西部联盟榜首。

两队在西区决赛的舞台上展开了激烈的角逐。前两战，休城似乎完全找不到对付犹他挡拆的办法，两战皆负。不过接下来的第三场，休城板凳席上的埃迪·约翰逊挺身而出，在"三巨头"有些萎靡的情况，一人夺得31分帮助球队扳回一城。

第四战，都有意拿下的双方，一开始就全力以赴，这一战杀得天昏地暗、日月无光。直到比赛终场前6.7秒，双方还以92比92僵持着，最后时刻，德雷克斯勒险些在包夹中出现失误，让休城球迷惊出一身冷汗，不过好在德雷克斯勒经验老到，最终他有惊无险地完成了战术执行，回传给马龙尼，由马龙尼中转把皮球送到了已经溜出空位的埃迪·约翰逊手中。约翰逊手起刀落，完成绝杀！双方大比分再度平手！

第五战，双方依旧酣战到了最后一刻，犹他人最终以5分险胜。第六战也是如此，在比赛倒计时即将走完的时候，双方还是100比100战平。但最后2.8秒，手握球权的犹他界外发球，斯托克顿果断甩开防守队员，接球完成绝杀。

休城的季后赛之旅，再度折戟沉沙。

109

 箭气长红　　　　　　　　休　斯　敦　火　箭　传

王朝坍塌终难觅

1997/1998—1999/2000

1996/1997赛季,休斯敦并没有熄灭内心熊熊的烈火,他们想要再度夺下总冠军奖杯,想要再度在NBA的如林强者中封王。

虽然在休赛期,名满天下的"滑翔机"德雷克斯勒宣布了1997/1998赛季结束就要离开联盟的决定,但休斯敦上下反而因此空前团结了起来。他们似乎有种感觉,这是他们最后一次争夺冠军的机会,一旦错失,将再没有任何机会了。

"大梦""查尔斯爵士"和"滑翔机"开始了他们1997/1998赛季的征程。然而,他们却遭遇了当头棒喝。阵容老迈、除了"三巨头"再无稳定得分点等弊病随着赛程的推进,也暴露出来。整个常规赛,他们打得异常艰难,最终也仅仅以41胜41负的战绩勉强杀入季后赛。

季后赛首轮,他们迎战老对手犹他爵士。此时的爵士,仿佛一壶老酒,在多年的沉淀中才焕发出醇香。他们已经成为西区的头号种子,并且是夺冠的大热门。

不过,"三巨头"和休斯敦并不想束手就擒,他们在系列赛第一场就给了趾高气扬的犹他人一个下马威。在犹他主场的三角洲中心球馆,德雷克斯勒在犹他人漫天的嘘声当中抢下22分,帮助球队以103比90轻松拿下首局。"三巨头"在这场比赛中似乎都焕发了青春一般,就连本来因为腰椎间盘突出不应该上场的巴克利,都忍着伤痛砍下12分和6个篮板。

不过,犹他也不甘示弱,他们在第二场比赛迅速还以颜色,以105比90反击火箭。第三场,回到主场的奥拉朱旺成功让时光倒流,他全场砍下28分、12个篮板的大号"两双",带领球队以89比85战胜顽强抵抗的犹他爵士,将爵士推到了悬崖边上。

生死第四场,在当时还执行五局三胜的季后赛首轮赛制时,几乎和七场生死大战一样让人惊心动魄。比赛一开始,坐镇主场的休斯敦就表现出了极其强烈的求胜欲望,首节在他们凶狠地压迫防守下,犹他人仅有10分入账。半场结束的时候,休斯敦以42比36领先犹他,分区半决赛已经隐隐在望了。然而,第三节,巴克利因为遭到肘击受伤离场,让过于依赖"三巨头"的休斯敦惨遭犹他反扑,下半场他们仅仅有可怜的29分入账,而犹他则疯狂攻下57分。最终犹他爵士以93比71赢得了这场比赛的胜利。

最后一战之前,巴克利的伤情报告传来:他前臂受伤,赛季报销。受此影响的休斯敦在第五场整场如同梦游,最终以70比84败下阵来,结束了他们最后一次冲击冠军的征程。

比赛快要结束的时候,德雷克斯勒被替换下场的瞬间,三角洲中心全场观众都为他起立鼓掌。名震天下的"滑翔机"在这样有些落寞的场景下,结束了他15年的NBA生涯。这几个赛季的征战,让德雷克斯勒多少有些力不从心,逐渐老去的休斯敦也让他有些看不清未来的方向。

或者,退役对于此时的他来说,才是最好的选择吧。

拿得起,也要放得下!

德雷克斯勒的一走了之,无比潇洒轻松。但休斯敦上下却为此愁白了头发。转眼又是一年,"大梦"和"查尔斯爵士"又老了一岁,之前的几个赛季里,他们已经开始伤病缠身,竞技状态也开始每况愈下。

接下来的1998/1999赛季,或许就是他们和休斯敦最后的一次机会吧。

抱着赌博一般的心理,休斯敦管理层将目光锁定了因为乔丹退役和管理层逐渐产生嫌隙的超级球星"蝙蝠侠"斯科蒂·皮蓬。这个"公牛王朝"的功勋之臣,在失去乔丹的庇护之后,开始逐渐被芝加哥人排斥在外。芝加哥人认为皮蓬已经老了,不能带领球队走向未来了。

于是，决定赌一把的休斯敦人，很快和想要证明自己的皮蓬一拍即合。开始的时候，双方很快进入蜜月期，才赛季前半段，在三位"老巨头"的带领下，休斯敦打出31胜19负的上佳战绩。但很快，他们就原形毕露了，首先，巴克利和皮蓬之间总有些不和的传闻传出；其次，悠长的赛季很容易让三个老家伙筋疲力尽，赛季后半段的休斯敦已经开始变得非常不稳定。

不过，也有不错的消息，德雷克斯勒的离去给年轻人腾挪开足够的成长空间，新秀后卫迈克尔·迪克森和卡蒂诺·莫布里在这个赛季都有着不错的表现。两个年轻小伙子组成的后场，场均可以贡献20多分，已经开始为休斯敦的未来指明了方向。

第七章 / 王朝难冠　　HOUSTON ROCKETS

　　球队顺利进入季后赛，但已经无人看好这支看起来还在巅峰的休斯敦火箭。赛季中不断传出的不和传闻，几乎让每个球迷都看到了三个老家伙之间的龌龊。另外，首轮对阵已经如日中天的湖人，更是让原本抱有幻想的人们彻底放弃了。1998/1999赛季的湖人坐拥奥尼尔、科比、埃克塞尔、琼斯的"F4"组合，虽然还有不少问题要修正，但年轻的湖人怎么看也不会输给已经老掉牙了的休斯敦。

　　事实也确实如此，季后赛首轮，除了第三场巴克利和皮蓬回光返照一般分别拿下30分、23个篮板和37分、13个篮板，抢下一场胜利，剩余三战皆负，被洛杉矶人彻底击碎了最后的冠军梦想。

　　总冠军梦碎，火箭进入了颠沛流离的重建时期。在接下来的1999/2000赛季，他们先是在选秀大会之后，通过一次三方交易将当季新秀史蒂夫·弗朗西斯招入麾下。这是个神奇的小伙子，他本来在选秀大会上被温哥华灰熊选中，但他竟然死活不去冰天雪地的温哥华报到，最终让休斯敦人捡了一个大便宜。

　　除此之外，休斯敦人果断将到来之后麻烦不断的斯科蒂·皮蓬送往波特兰。他们有些忍受不了这个历史最棒"二当家"的种种行径，他简直就是一个满腹牢骚的老人，除了他和巴克利的那些矛盾，他天天都在念叨着他和乔丹的辉煌岁月。

　　送走"大麻烦"的休斯敦，并没有在其他方面产生什么大变化。事实上，1999/2000赛季，他们也无力产生什么变化——小家伙们还在成长，老家伙们却已经陆续倒下。1999年12月巴克利遭遇膝伤，赛季几乎报销，直到最后一场，他才披挂上阵，而原因也不过是他不想让自己的职业生涯以在场边给队友呐喊助威结束。奥拉朱旺也好不到哪去儿，只断断续续地打了半个赛季的球。没办法，英雄也是人，终究抵挡不住岁月的侵蚀。

　　加上之前退役的德雷克斯勒、"乔帮主"等人，似乎20世纪80年代成长起来的那些巨星一一走到了职业生涯的尽头。

　　那个赛季，是休斯敦15年来第一次胜率未过半的赛季。他们仅仅取得34胜48负的战绩，球队也八年来第一次无缘季后赛。

　　唯一的好消息是弗朗西斯这个小伙子，在"大梦"和巴克利频频缺战的时候，他就开始学习把球队扛在自己身上了。那个赛季，他场均已经能够贡献18分，和埃尔顿·布兰德一起捧起了最佳新秀的奖杯。

　　休斯敦的未来，在那一刻，似乎清晰可见。

第八章
姚明降临

箭气长红 / 休斯敦火箭传

箭气长红　　　　　　休 斯 敦 火 箭 传

弗朗西斯与莫布里　　　　　　　　　2000/2001—2001/2002

在接下来的 2000/2001 赛季，弗朗西斯在休斯敦如同"航空城"的火箭般一跃腾空。在那个赛季的常规赛中，他的雷霆突破、霹雳暴扣技惊四座。场均 19.9 分的贡献，更是让休斯敦的球迷突然感到无比的幸福，虽然他们的昔日领袖奥拉朱旺已经日落西山，出战 58 场仅仅有 11.9 分入账，但弗朗西斯如新星一般的崛起，让他们无比相信这个年轻人就是休斯敦的未来。

在那个赛季，休斯敦打得异常顽强，他们在老一代球星日渐凋零的时刻，凭借一群年轻人的努力，成功打出了 45 胜 37 负的骄人战绩。虽然在竞争日趋激烈的西部赛区，他们依旧无缘季后赛，但任谁都会为这支青年军的拼搏感到由衷的赞叹。

更让休斯敦人欣慰的是，弗朗西斯和莫布里联手的休城外线，仿若初升东方的朝阳，带着年轻人的血气方刚和义无反顾，在新世纪开启的时间，一股脑带着休斯敦狂奔在 NBA 的赛场上。

当然，也有些老家伙们似乎有些"看不上"他们。查尔斯·巴克利就曾当着无数媒体对他们提出公开批评："这就是现在的年轻球员！在我退休前几年，我想统领他们，他们却把我看成个老头！弗朗西斯和莫布里那样的小孩，他们不想听我的。我猜他们在想：'嘿，在这个舞台上，我们可比这老胖子强。'"

"查尔斯爵士"喋喋不休，仿佛忘记了是谁刚进联盟时就摔了主教练的战术板："现在的小孩，看他们爹娘的态度都不一样了！这不只是 NBA，这是社会问题！当初，J 博士、摩西和博比·琼斯和我说话时，我就像在听福音书！"

天啊，也许您真的曾经一脸虔诚地聆听前辈们的教诲，但您不也曾不止一次抱怨这些老家伙们自以为是、为老不尊吗？

或许，这就是年轻人和老年人"宿命"一般的相互仇视。我们年轻的时候都曾热血沸腾，看见不平的事都想拍案而起；遇见个投缘的，大抵也都会掏心掏肺。但到了老年，我们也都会变得畏首畏尾，路见不平，大抵都会低声嘟囔着："嘿，关我什么事呢？"然后偷偷溜掉；碰见什么人，不管对方说得如何天花乱坠，都会摸摸心口，问问自己："嘿，他是不是在骗我？"

第八章 姚明降临　　HOUSTON ROCKETS

不过，也有那么个"妙人儿"，不管多大年纪都天不怕地不怕，总有一番热血。他，史蒂夫·弗朗西斯大抵就是如此，年轻时基本属于说话不过脑子、啥事儿都不过夜的主儿。

他参加选秀都是一拍脑袋，被温哥华选中了，竟然直接对媒体放话："我不要去温哥华，那里太冷。我要找个温暖的、美国式的地方打球！"

在媒体一片铺天盖地的指责声中，他老人家完全不长脑子地跑到休斯敦的训练场旁边晃悠去了，生怕别人不知道他想要去哪里一样。

然后，终于如他所愿，他被温哥华交易到了休斯敦。

再然后，他和莫布里相熟，开始了他们俩的配合，也开始了休斯敦兄弟岁月的开始。那个时候，休斯敦上下充满了克己奉公的老头子，没人愿意搭理他这个愣头愣脑的小菜鸟。比他大一岁、先进联盟一年的莫布里适时地给了他两句："别理他们，做好你自己，打好比赛就足够了！其他的事情，根本不重要！"

弗朗西斯瞬间就觉得眼前这个汉子太可爱了，莫布里也看这个刚入联盟就叫嚣着交易的小鬼顺眼。两人一拍即合，瞬间成为休斯敦形影不离的标志性人物。无论在休息室、球队大巴、还是在比赛间隙的板凳席上，两人都腻在一起、互相拌嘴、扯淡，偶尔看见哪个赛场对手出丑，他俩就疯狂地站起来，一起挥舞着毛巾、拼命地给对方喝倒彩。

他们是休斯敦后奥拉朱旺时代，最让球迷振奋人心的一对"活宝儿"。不得不承认，休斯敦人在他们出现之前已经厌倦了奥拉朱旺、巴克利、皮蓬或者德雷克斯勒的"老年组合"。或者这样说对几位大神有所不敬，但是又有哪个球迷愿意观看已经慢了三拍的"梦

117

幻舞步"、推土机式的背打,又或者已经飞不动了的"滑翔机"呢?

虽然,老球星们的经验给他们带来了不少胜利,但是这样的比赛一点儿意思都没有,胜利?管它呢!反正我们也没拿到总冠军不是!

弗朗西斯和莫布里杀气腾腾的进入,终于让休斯敦的晨昏暮鼓宣告结束,他们带来了和之前完全不一样的比赛。每个夜晚,他们气势汹汹地推进比赛的节奏,在后卫线上飞快地来回奔跑着——三分球、突破、暴扣。所有年轻球员的进攻方式,都是他们的拿手好戏。他们打球的风格,基本属于抽风型,完全不需要大脑判断,只凭身体的直观反射以及惊人的肾上腺激素分泌!

第八章 / 姚明降临　　　　　　　　　　　　HOUSTON ROCKETS

每完成一次进球，他们就旁若无人地大吼大叫、撞胸、击掌，所有庆祝方式都要喊声震天地。而进攻失败时，他们也未见受到什么影响，下个回合，他们依旧来势汹汹。

也正是在他们这样打法的带领下，2000/2001 赛季休斯敦一跃反弹，根本没有经历其他球队那么漫长的重建期。弗朗西斯和莫布里似乎也完全没意识到球队需要重建的问题，仿佛一开始，这里就是他们的地盘、他们的球队。

休斯敦就在他们的折腾下，终于有了一番全新的景象。

不过，2000/2001 赛季结束的时候，一个让休斯敦球迷难受不已的消息传来：哈基姆·奥拉朱旺选择离开球队。休斯敦被迫以先签后换的形式将这位火箭两连冠的功勋之臣送往多伦多，以期帮助他一圆最后的总冠军之梦。

关于奥拉朱旺的离开，后来有无数的版本流传，其中很多版本都直指休斯敦薄情或者奥拉朱旺薄情。不过不管外界如何纷纷扰扰，当事双方似乎决意绝口不提。

其实想想，这件事本身也没有什么特别的原因，最大的可能性就是奥拉朱旺想要在职业生涯末期再追求一枚总冠军戒指，但当时的火箭显然无法实现"大梦"的心愿。那么将奥拉朱旺送往多伦多联手已经冉冉升起的"半人半神"文斯·卡特显然是一个不错的解决办法。彼时多伦多缺少强势的内线，而卡特已经成为联盟前三的外线终结者，两人的联手似乎能够创造无限的可能。

是以，这件事本身也没什么好争议的，不过就是白胡子船长临终的遗言罢了："老夫是旧时代的残党，新时代没有老夫能够登上的船！"

奥拉朱旺的离开，似乎也带走了休斯敦的气运，在接下来的 2001/2002 赛季，弗朗西斯一直遭受伤病的困扰，全季也只出战 57 场比赛。最终休斯敦的战绩也一落千丈，仅仅获得 28 胜 54 负。

不过，好运的是，休斯敦再次因为糜烂的战绩获得了一个状元签。

而这个状元签，也让休斯敦迎来了球队历史上继海耶斯、马龙、奥拉朱旺之后第四位传奇中锋。

119

姚明降临休斯敦

2002/2003

这边厢休城在弗朗西斯和莫布里杂耍一般的进攻带领下,似乎已经平安度过重建期,却突然因为弗朗西斯的意外伤病,暴露球队底子的薄弱,战绩如过山车般一泻千里。

大洋彼岸的另一边,还有一个人和弗朗西斯同病相怜,这个人就是姚明。在1998/1999赛季的CBA联赛里,姚明在季前赛热身负伤,这次负伤让他进入NBA的计划整整拖后了两个赛季。不过,在1998/1999赛季结束,他就和自己的兄弟刘炜以及恩师李秋平开始了美利坚之旅。

在那次旅行中,姚明参加了大大小小的30场比赛,只为了向NBA展示自己。幸运的是,姚明还见到了"篮球之神"迈克尔·乔丹,并把一个美国人已经认定能够进入NBA的篮球神童打得落花流水,这个"神童"叫泰森·钱德勒。

姚明的出色表现,自然吸引了美国人民的注意,美国《印第安纳星报》的专栏作家罗宾·米勒第一次见到姚明时,就被"中国巨人"所震惊了,他在报刊的专栏里如此写道:"他叫姚明,在篮球场上的他就是这世上的'第八大奇迹'。7英尺5英寸(约2.26米),252磅(约114公斤),臂展达到7英尺3英寸(约2.21米),15尺(约4.6米)的中投对他来说简直是小菜一碟,篮下的攻击力同样给力。在Nike篮球训练营里的那些球员中,比他好的凤毛麟角,和一般的球员比起来,那简直就是鹤立鸡群了。"

乔丹训练营里打爆钱德勒、"飞人陛下"钦点、美国媒体造势,一时之间,姚明已经成了所有NBA球队都想要得到的未来之星。但是麻烦也随之而来,中国篮协明文规定,球员只有达到22岁才被允许参加选秀,并且球员参加选秀必须要得到篮协的豁免才行,同时被谁选、什么顺位选、选中后的收入分配,篮协都"条目明细"。

不过姚明自然不愿意就此错过去篮球巅峰殿堂打拼的机会,2001年,王治郅奔赴达拉斯,巴特尔也决意奔赴国外联赛打拼,这一年姚明再次萌生赴美选秀的念头。可惜的是,这一次,他依旧未能如愿。2001年5月11日,上海队召开新闻发布会声明姚明不会参加2001年NBA选秀。"这个艰难的决定"据说是由中国篮管中心、上海体育界、姚明父母和姚明本人商议后决定的。

至于其中的原因,我们也许从后来的《姚明之路》一书中可以找到答案:

第八章 / 姚明降临　　　　　　　　　　　　HOUSTON ROCKETS

1. 中国篮球联赛尚在起步阶段，需要姚明这样的球星支持。

2. 这一年国家队的任务很重，有东亚运动会和世界大学生运动会，姚明如果远赴NBA，对国家队的比赛将产生较大的影响。

3. 上海人民需要姚明率队出战第九届全国运动会。

4. 姚明的身体条件和能力尚不能立足于NBA。

就这样，一直拖到上海队终结八一队完成夺冠，姚明终于下定决心要参加2002年的NBA选秀大会了。不过此时的姚明，可能已经错过了他职业生涯最好的发展时期了。

世事无法重来，遗憾终究也无法弥补。不管如何，姚明终于出现在了2002年的选秀大会上，手握状元签的火箭队，终于将这位队史第四位超级中锋招入帐下。

很快，2002/2003赛季就来到了大姚的面前。NBA生涯刚刚开始，姚明就深刻感受到了NBA的"状元"有点不太好当：作为每一年的天之骄子，他们刚一进入联盟就会置身于聚光灯下，他们的一举一动都在媒体的"监视"之下，稍有不慎，他们的问题就会被放大，从而甚嚣尘上。作为第一个中国籍状元秀，姚明更是受到了"亲密"照顾，他几乎被放在放大镜下被人们关注着。

前七场比赛，姚明的表现一塌糊涂，一点儿没有历届NBA状元秀的神采。他第一场比赛只拿到了0分2个篮板，前七场比赛总计也不过30分。

这样的表现，让NBA的质疑声瞬间放大，甚至一度铺天盖地。而一个奇妙的赌局也因此而产生，已经改行做TNT电视直播的火箭名宿查尔斯·巴克利和另一位同为火箭名宿的TNT主持人肯尼·史密斯就姚明的表现打起了赌。

"我早说过，姚明不行，如果他能在这场比赛中拿到19分，肯尼，我就亲你的屁股，表达对你的仰慕之情。"巴克利在电视直播中如此说道。在看到姚明的表现并无起色之后，巴克利更新了赌注："如果姚明在职业生涯的一场比赛中拿到19分，我就亲肯尼·史密斯的屁股。"巴克利丝毫不掩饰他对姚明的轻蔑，不过这和他一贯的风格很吻合，他曾经在电视直播中公开批评了无数球员，其中包括詹姆斯等众多超级巨星。

消息传到姚明和休斯敦管理层的耳朵里，休斯敦管理层气炸了肺，他们觉得巴克利对曾经效力过的球队不够尊重。然而姚明却似乎毫不在意："那我就天天都拿18分吧。"面对记者的询问，他如此回答。

不过姚明当然不甘心如巴克利所说般沉沦下去，很快他就用行动狠狠回击了巴克利的"大嘴"。2002年11月17日，姚明职业生涯的第八场NBA比赛，也是他在赛

121

 箭气长红

休 斯 敦 火 箭 传

场上首次和湖人队交锋。湖人中锋奥尼尔当时正处巅峰时期，是当之无愧的"联盟第一中锋"，而身为状元秀的姚明对决最炙手可热的奥尼尔，这场比赛噱头十足，所有人都期待着。

可惜，奥尼尔在那场比赛中高挂免战牌，在那场比赛中，姚明总共出场24分钟，9投9中，拿到20分6个篮板，帮助火箭客场力挫湖人，用行动证明了自己。

当姚明拿下20分的时候，直播间里的肯尼·史密斯已经笑开了花，不过他表示"并不希望巴克利亲自己身体的任何一个地方，因为他都会觉得恶心"。为了表示捍卫史密斯的"冰清玉洁"，节目组想到了一个两全其美的办法——他们牵来一头驴，上面还写着史密斯的名字，巴克利倒也是个说到做到的人，起身干净利落地履行了自己的赌约——他亲吻了这头名为"肯尼·史密斯"的毛驴臀部。

在这场闹剧之后，姚明终于走上了正轨，在之后的比赛里，他几乎场场首发，整个赛季场均为休城贡献13.5分、8.2个篮板和1.8个盖帽。虽然和传奇前辈比起来，他的第一个赛季有点"暗淡"，但休斯敦的人们还是在他身上看到了马龙、奥拉朱旺的影子，休城的腾飞似乎就在不远的地方了。

2002/2003赛季，休城还是没能杀入季后赛，诚然他们43胜39负的战绩还算不错，但面对强手如云的西部赛区，这样的战绩也只能接受常规赛之后回家的命运了。

决"鲨鱼"火箭遭败绩

休斯敦在2003/2004赛季开始之前,已经开始商讨围绕姚明来建立球队了,并着手洗牌球队,毕竟这支球队有着不错的中锋传统。他们先后将莱斯、波西、莫里斯等一干年轻人送走。马克·杰克逊、克莱伦斯·韦瑟斯庞和查尔斯·奥克利也相继加入了球队,那个赛季球队竟然只有四个熟悉的面孔。

2003/2004赛季,姚明全勤出战,82场比赛场场首发,平均每场得分达到了17.5分,超过了几年来一直占据首位的"弗老大"的16.7分排名第一位。此外,姚明每场比赛还能贡献9个篮板以及2次封盖,俨然已经是一名不错的中锋球员了。

整个赛季姚明的精彩表现不断。2004年1月25日,对阵水星中心的魔术,在没有包夹与绕前防守的情况下,姚明轻取37分、10个篮板,让魔术当家球星麦迪惊艳无比,也给后来"姚麦"联手留下伏笔;2004年全明星赛前后两战湖人,面对最重量级的对手奥尼尔,姚明分别砍下29分、11个篮板以及33分、8个篮板;2月23日,迎战老鹰的比赛中,姚明几乎打满全场,全场砍下41分!一时间,"姚旋风"席卷整个NBA领域。

45胜37负,火箭队如愿进入季后赛,这是姚明职业生涯第一次闯进季后赛。但是他们的运气不佳,第一轮就遇到了拥有"四大天王"的洛杉矶湖人队,"姚鲨对决"虽然吸引眼球,但却无比残酷,火箭最终以1比4败下阵来。

姚明在首场比赛中就六犯离场,11投4中仅得10分的表现难以令人满意。"我发誓我们不会被横扫!"这就是姚明赛后说的第一句话,他输掉了比赛但赢得了信心。媒体在为火箭惋惜的同时,也在很大程度上肯定了他们的表现。NBA官方网站、ESPN等美国权威媒体都认为,火箭队和姚明都在为季后赛交学费,而且湖人的状态并不理想,双方较量的最终结果还很难说。

聪明的姚明没有让休斯敦球迷失望,他在战斗中学习战斗,在季后赛第二场对抗中不仅自己拿下了全队最高的21分,而且只让奥尼尔获得了可怜的7分。但是他防得住高大的"鲨鱼",却防不住灵活的"飞侠"。神奇的科比再次复活,他全场比赛射落了惊人的36分。虽然休城这边,弗朗西斯的发挥也异常出色,他贡献了18分、10个篮板和12次助攻,一举拿下"三双",但休斯敦还是以84比98输掉了比赛。

姚明表现最好的是第三场比赛，他13投9中砍下18分、10个篮板的"两双"，这也帮助球队拿下了唯一的一场胜利。当年季后赛的五场比赛中，姚明没能发挥出最佳状态，场均得到15分、7.4个篮板和1.4次封盖，命中率为45.6%。

在把总比分追成1比2之后，火箭似乎又看到了一丝希望，他们在第四场对决中依然表现稳定。全队五名首发球员得分都达到了两位数，其中姚明拿下16分、7个篮板。湖人也是不甘示弱，老卡尔·马龙全场砍下30分，此外还摘到了13个篮板。

"邮差"不仅在数据上大出风头，而且在犯规上也是独占鳌头，甚至一度成为火箭的全民公敌。那是比赛进行到下半场，火箭队断球后发动快攻，波斯简·纳克巴直捣龙巢。但就在他扣篮得手后从空中下落时，狡猾的卡尔·马龙撅起了屁股，纳克巴被垫了一下失去平衡，重重地摔在地板上。火箭老大弗朗西斯立刻上来和马龙理论，两队球员都挤到了一起，范甘迪也跟着冲过来平息了争斗。

全场观众嘘声四起，此后双方的较量越发惨烈，直到终场结束双方战成了平局。加时赛中马龙的经验再次发挥奇效，他的假动作突破造成了姚明的第六次犯规，这是比赛真正的转折点。失去了内线巨人之后，火箭失误频频，被科比两次打三分成功，最终火箭以88比92遗憾地输掉了比赛。

第五场，已经被逼到悬崖边上的休斯敦绝地反扑，他们中场前还凭借莫布里的一记三分以48比47领先洛杉矶湖人。但是第三节，强悍的湖人凭借无懈可击的防守，彻底让火箭队进入"得分荒"，并最终让最后一节比赛成了垃圾时间。

休斯敦时隔五年的季后赛之旅就这样无奈地画上了句号。

2003/2004赛季终于过去，成长中的休斯敦意识到球队的不足——他们的领军人物弗朗西斯虽然有着不俗的进攻活力，并且凭借超强的弹跳扣篮能力也为球队赢得了无数欢呼声和喝彩声。但是他不够强大，无法带领火箭队更进一步。

球队必须推倒重建，因为现在火箭有了姚明。休斯敦的管理层担心姚明成长起来之后，也因为缺少帮手而对管理层的工作产生怀疑，甚至和以前的奥拉朱旺、马龙一样，产生想要离开休斯敦的念头。

他们现在可不愿意再承担这样的风险了，于是在2003/2004赛季刚一结束，他们就飞快地运作了起来，尝试和NBA其他球队接触，他们以弗朗西斯为筹码，想要换来一个更强大的球星。

第八章／姚明降临　　　　　　　　　　　　　HOUSTON ROCKETS

第九章
"姚麦"时代

箭气长红/休斯敦火箭传

休 斯 敦 火 箭 传

创神迹的 35 秒 13 分

2004/2005—2005/2006

东海岸有一支和他们同样需求的球队——奥兰多魔术。

在试图打造格兰特·希尔、蒂姆·邓肯、特雷西·麦克格雷迪"三巨头"失败之后，奥兰多已经无法留下他们的领军人物麦克格雷迪了。在希尔受伤、邓肯招募失败的那几年，麦迪在奥兰多迅速成长为震惊联盟的超级球星。而此刻，麦迪受累于球队多年没有得力内线，他一心想要和一位统治级内线联手。这一要求，也恰恰是休斯敦符合的。

于是，互有需求的两支球队一拍即合。休斯敦和奥兰多联手完成了联盟历史上影响力最大的交易之一，他们将史蒂夫·弗朗西斯、卡蒂诺·莫布里、凯文·卡托送往奥兰多，换回两届得分王特雷西·麦克格雷迪，以及朱万·霍华德、泰伦·卢、里斯·盖恩斯。

得分王联手状元中锋，在那个赛季没有什么比这个话题更引人瞩目了。所有人的胃口被吊起，他们希望麦迪和姚明能够产生"大梦+滑翔机"的化学反应，比肩如日中天的"OK组合"，从而为休斯敦建立一个王朝。

2004/2005赛季在无数球迷的期待中轰轰烈烈地展开了，然而休城的磨合期一波三折，他们甚至还没找到赢球的办法。19场比赛，他们只赢了8场，并遭遇了一波七连败，但刚刚加盟火箭的得分王很快就用一场精彩绝伦的大戏来止住颓势。

2004年12月10日，休斯敦火箭对阵圣安东尼奥马刺，比赛还剩一分钟的时候，马刺以76比68主宰着比赛，眼看火箭就要把八连败的苦果吞到肚子里，不忍目睹这一惨状的休斯敦球迷纷纷起身离场，从丰田中心驱车各自散去。那时的他们绝对不会想到，他们正在错过一场旷古绝今的惊天大戏，从而遗憾终生。

麦迪将球推过半场，直接干拔三分命中，时间定格在35秒，火箭以71比76落后马刺，这是麦迪奇迹的开始。此后火箭执行战术犯规，将德文·布朗送上罚球线，德文·布朗两罚全中，71比78，胜利依旧还是安稳地揣在圣安东尼奥人的口袋里。

就在这时，麦迪挺身而出！他先是用假动作欺骗防守队员，然后在邓肯头顶完成一记漂亮的"打四分"，火箭以75比78落后对手，重燃胜利曙光。不过，稳健的邓肯马上还以颜色，他两罚两中，马刺依然以80比75领先火箭，再度将休斯敦逼向悬崖边。

不过此时麦迪已不可阻挡，他一人快速推进前场，踉跄着接过队友的传球后，高高

　　跃起，在鲍文的头顶投中又一个空心三分，此时麦迪已连得10分，马刺以80比78领先火箭。

　　终场前11.2秒，马刺的10分优势转瞬间只剩2分，暂停后德文·布朗运球到火箭半场，他非常明白，只要消耗掉最后的时间，2分的优势足以让球队获胜。但他竟然鬼使神差地底线突破脚下一滑，眼疾手快的麦迪迅速抄球杀向前场，一个急刹车停在三分线处，瞄准篮筐，长臂一舒，任凭布伦特·巴里怎么阻挡，"唰！"——球还是空心入网。

　　火箭最终以81比80成功反超了比分，绝杀马刺！

　　麦迪在马刺面前完成了史上最伟大、最不可思议的逆转，35秒狂砍13分，临危救主，永载史册！他那一挥拳的怒吼，仿佛把整晚压在心底的怒气全部宣泄出来，这个瞬间，连上天也为之动容。这是麦迪15年职业生涯中最为疯狂的演出，同时也是整个圣安东尼奥的梦魇。"T-Mac"上演的这一奇迹甚至超越了九年前雷吉·米勒8.9秒投进8分

1. 2001年3月28日,麦迪在终场前2.7秒投进职业生涯第一粒绝杀,魔术96比95险胜76人。
2. 2002年2月1日,麦迪在终场前1.8秒投篮命中,魔术85比83战胜活塞。
3. 2004年12月10日,麦迪35秒内狂砍13分,惊天大逆转,火箭81比80险胜马刺。
4. 2005年4月25日,麦迪终场前2.2秒踩三分线中投命中,火箭113比111险胜小牛。
5. 2005年12月18日,麦迪在最后3秒时强行突破篮下左手高难绝杀,火箭76比74险胜湖人。

第九章 / "姚麦"时代

翻盘尼克斯的神奇表演,麦迪时刻称得上是 NBA 历史上最伟大的翻盘,没有之一。

波波维奇,被无数篮球迷奉若神明的战术大师,这位身经百战的冠军教头怎么也不会想明白,为什么近十年最伟大的两次绝杀都发生他引以为傲的铁军马刺头上?

0.4 秒和 35 秒 13 分,哪个伤得更深?波波维奇略带无奈与寒意地说:"一次是心肌梗死,一次是看着别人拿把刀在你身上一次次刺入,但你却一点办法都没有。"

还有邓肯与鲍文,他们可是那个时代最强悍的内外线防守悍将,却成为 35 秒 13 分的永恒注脚,以这种方式载入史册,可能成为这哥儿俩相伴一生的尴尬。

最后说一下德文·布朗,如果不是 35 秒 13 分,他也许永远不会入挑剔的中国球迷法眼,如果不是他恰到好处的滑倒,也许不会有伟大的 35 秒 13 分。任何伟大的戏码都有伟大的配角,德文·布朗用自己一生最为给力的"助攻"表演成就了一个伟大的时刻,而创造它的主人,就是麦迪。无与伦比的创造力与出神入化的球技完美结合,再加上上天眷顾的那么一点点偶然,于是旷古神话般的传奇在不经意间被麦迪缔造……

全场,麦迪砍下 33 分,而这场比赛姚明也表现不俗,他贡献 27 分、10 个篮板,"姚麦组合"终于看到了磨合成功的雏形。

35 秒 13 分像雄浑的战鼓,唤醒了休斯敦火箭队的战神——"姚麦"。

此后两人带领的休斯敦越战越勇,而彼此之间的配合也越来越默契,连庄得分王联袂状元中锋的威力终于得以展现,"姚麦组合"的锋芒几乎直追当时如日中天的"OK 组合"。

2014 年 12 月 21 日对阵达拉斯的比赛当中,两人再度联手爆发。姚明在这场比赛中 16 投 13 中,加上 18 罚 14 中,得到了 40 分,同时抢到了 10 个篮板球;麦迪则是 21 投 12 中,加上 11 罚 8 中,得到了 34 分,外加 12 个篮板球和 7 次助攻。两个人联手砍下了 74 分,俨然成为联盟之中不逊于"OK"的二人组合。

球队战绩也随着两人出色的表现一路水涨船高,最终,他们在 2014/2015 赛季结束时,已经取得了 51 场胜利,在竞争激烈的西部带领球队冲入季后赛。

2004/2005 赛季,虽然休斯敦在麦迪和姚明的强势带领下,在西部赛区杀出重围,但是他们要面对的敌人也异常强大。更致命的是,整支球队除了麦迪和姚明,还没有找到稳定的第三得分点。除了姚明和麦迪,休斯敦得分最高的也就是场均 11.6 分的迈克·詹姆斯——这源于休斯敦和奥兰多的交易,为了迎接得分王,休斯敦几乎掏空了他们本就薄弱的家底。

箭气长红　　　　　　　　　　　休 斯 敦 火 箭 传

"姚麦"鏖战达拉斯

2004/2005—2005/2006

姚明在2014/2015赛季场均得到18.4分、8.4个篮板和2.01次封盖，已经开始成为统治级内线。2005年3月12日，面对拥有强大内线的太阳，姚明全场摘下个人新高的22个篮板。

此外在麦迪35秒13分神迹的感召下，这支充满着老弱病残的球队从2005年2月开始终于走上赢球的正轨。霍华德枯木逢春，苏拉、韦斯利、巴里等人也开始爆发出不俗的进攻火力。球队虽然依然没有稳定的第三得分点，但五人、六人得分上双的比赛层出不穷，这种轮流得分的戏码，显然在常规赛还是比较"吃香"，但也看得出来，这是球队主教练杰夫·范甘迪的无奈之举，也为后来2005年季后赛被逆转埋下伏笔。

最后一个月，一波三连败让火箭季后赛之旅岌岌可危。不过危急关头，火箭众将用命，把已经江河日下的湖人斩于马下，然后又连续挫败菲尼克斯和西雅图。火箭在常规赛最后七场比赛，七战皆胜，最终排名第五，在首轮遭遇猛将如云的达拉斯小牛。

2005年季后赛，休斯敦在麦迪和姚明的强势带领下，竟然连续在客场取得连胜，带着2比0的骄人战绩返回休城主场，尤其是第二战麦迪的表现足以载入史册。

2005年4月25日，火箭客场挑战小牛，麦迪旱地拔葱胯骑"德国竹竿"肖恩·布拉德利，上演无法复制的经典暴扣。当时麦迪从底线突破绕过诺维茨基，飞起来在布拉德利头顶冲天骑扣。其实"竹竿"布拉德利在麦迪冲过来时还是跳起了一点点，企图抵抗，但一刹那他似乎明白如此只能遭受被扣之辱。那一记重炮将达拉斯的美航中心几乎轰成一片焦土，然而麦迪的表演还没有完，比赛还剩10秒，双方战成111平。

当时麦迪没有叫停，这让小牛有些不知所措，他运球到前场，姚明在弧顶给麦迪做了经典的高位掩护，将特里挡开，麦迪运球从右翼切入。惊魂未定的对手只能眼睁睁地看着麦迪突然起跳，干拔投篮，球稳稳飞进篮筐。芬利最后仓促出手未能命中，火箭以113比111险胜小牛。麦迪的这记绝杀与之前他在布拉德利头顶上的那记惊世骇俗的灌篮交相辉映，铭记在亿万中国球迷心中。当时麦迪绝杀后吹枪的经典动作，有种"谈笑间，樯橹灰飞烟灭"的自信与豪情，令人无限向往和怀念。

然而火箭的喜悦并没有持续多久，回到主场的休斯敦被达拉斯人按住了命门——他

132

们只有姚明和麦迪两个人能够稳定输出,其他球员没有人能够威胁到达拉斯。于是在达拉斯放开手脚的包夹之下,火箭队彻底没了脾气,他们狂输三场,痛失好局。直到第六战,他们才在姚明和麦迪的带领下,扳回一城,找回一点颜面。

然而在第七场生死大战中,达拉斯彻底将"姚麦组合"孤立,任凭他们俩分别交出33分、10个篮板和27个篮板、7次助攻的答卷。达拉斯众将死死按住休斯敦的其他球员,火箭一溃千里。最终休斯敦以76比116的40分惨败,结束了休斯敦完成重建的第一年征程。

不过,"姚麦"在这个系列赛里的出色表现也让世人见识到了"姚麦组合"的威力。在季后赛七场大战里,麦迪场均能够为球队贡献30.7分、7.4个篮板和6.7次助攻,而姚明也有21.4分、7.7个篮板和2.7次封盖入账。人们似乎已经看到了休斯敦光明璀璨的未来。

在2005/2006赛季开始之前,整个休斯敦澎湃了好一阵子,他们残破的阵容在管理层的运作之下终于有所补强。他们签约了自由球员斯特罗迈尔·斯威夫特,并通过交易获得了多伦多猛龙的"街球王"拉夫·阿尔斯通。

所有的专家和媒体人都万分看好这宗交易,他们觉得,斯威夫特虽然技术比较粗糙,但当"姚麦"能够吸引对方球队的防守包夹时,那么斯威夫特身高臂长、弹跳出众的优势就会充分发挥出来。

人们的眼前几乎已经出现了这样的画面:当麦迪或者姚明持球作势想要进攻,对方的两名球员过来包夹时,斯威夫特则利用这样的机会,迅速摆脱对手杀入禁区,麦迪或者姚明只需要轻轻地送出皮球,斯威夫特接到皮球就是一记势大力沉的扣篮。

这是多么激动人心的画面!这是多么振奋人心的扣篮!

不过,现实远远比幻想冰冷残酷,斯威夫特的弹跳确实在联盟中算得上翘楚,但巴克利的评价才最接近他的真实实力:"斯威夫特这孩子只会蹦蹦跳跳,但是一只鹿也会蹦蹦跳跳啊,而我是绝对不可能让一只鹿上场打球的。"

在接下来的2005/2006赛季,斯威夫特的表现简直和"查尔斯爵士"的评价如出一辙。

重点引援的失败,也让休斯敦人这个赛季的征程更加难过,更让他们难过的是,无论麦迪还是姚明,都在这个赛季遭遇了比较严重的伤病。

开局,他们4胜12负,甚至还有一波凄惨的七连败,这和麦迪的腰伤有关,只能依靠姚明和麦迪的休斯敦,无论哪一个人缺阵,对他们来说都非常不妙。而主教练杰夫·范甘迪用着20世纪90年代尼克斯的古老防守战术和强调核心的进攻思路,更让这支球队

几乎所有的胜利筹码都压在了姚明和麦迪的身上。

是以,在麦迪缺战的那些比赛里,休斯敦几乎都被对方打得找不到北。这种憋闷的势头,甚至在麦迪刚回来的几场比赛里都没有好转。一直到了2016年1月,他们出征东部,面对羸弱的东部球队才打出一点气势。

但厄运还远远没有离开休斯敦,姚明伤停,麦迪在对阵掘金的比赛中引发旧患再度伤停,球队没有了核心,瞬间又一波七连败。到此时为止,休斯敦的战绩已经滑落到了15胜29负,季后赛遥遥无期。最让球队管理层和球迷们大为光火的是,信心满满招揽来的两名引援,贡献平平。"街球王"阿尔斯通还好一些,还能够为球队贡献进攻火力、组织能力等。而被寄予厚望的斯威夫特,好吧,他就是一头只会蹦蹦跳跳的雄鹿。

2005/2006赛季后半段,入选了全明星的两位超级球星终于伤愈归来,球队的战绩也有所好转。姚明在全明星赛后也彻底爆发,场均砍下26.7分和15.7个篮板,命中率也高达55.3%,不仅为他带来了一个周最佳奖项,更带领球队把战绩生生逼回29胜33负。但不幸的是,麦迪再度在比赛中负伤,孤掌难鸣的姚明也无法一个人带队取得胜利,一波六连败之后,姚明也陷入伤病困扰,休斯敦彻底与季后赛无缘。

这个2005/2006赛季,休斯敦点儿背到了极点,补强阵容失败,麦迪因伤只出战了47场比赛,姚明也缺席了25场比赛。在球队的一片混乱中,他们只拿下34场胜利,最终分区排名垫底,早早地回家钓鱼。

或者,整个休斯敦的历史也是如此,上帝特别喜欢和休斯敦人开玩笑,往往在上个赛季表现出色之后,马上在接下来的赛季堕入深渊。

重磅引援终成空

2006/2007

2005/2006赛季的失败，让休斯敦人无比痛心，同时管理层也下定了重磅引援的决心。他们在休赛期和孟菲斯灰熊达成交易，将悍将肖恩·巴蒂尔收入麾下。与此同时，他们还签下2006年季后赛对阵马刺时大放异彩的国王队骁将邦奇·威尔斯。

坦白地说这两笔引援不错，巴蒂尔善守、威尔斯善攻，如果当时的主教练范甘迪能够改变自己固执的执教风格，那个赛季的休斯敦没准会飞向一个前所未有的高度。

但最不能改变的恰恰就是范甘迪的固执，他的固执让他赢得了无数的荣誉和赞赏，譬如20世纪90年代他死死抱住莫宁大腿的画面，让人们了解到这个男人对自己的球员坚定的保护之情。但同样是这种固执，让他和新来的"刺头"球员威尔斯相处得并不融洽。

范甘迪执教生涯中非常依赖球队核心的进攻输出，无论在尼克斯还是火箭，他都坚定地让整支球队围绕核心球员运转，并尽量把每一次进攻交给最稳妥的核心球员执行。在尼克斯，"大苹果城"雄厚的资金实力，让他的战术大放异彩。毕竟当拉里·约翰逊、安东尼·梅森、查尔斯·奥克利等一干猛将都不过是尤因的陪衬时，这样的打法确实异常有效。

但是在火箭，这样的打法并不合适，威尔斯是一个需要持球在手的球员，在之前他效力于国王时，主教练阿德尔曼充分发挥了他在内线的牵制和策应效能，让国王球员在他上场期间围绕他去展开进攻，尽管他从来不是一个很好的进攻终结者，但他的前场篮板能力、依靠身体对外线球员的背打能力，以及在遭遇包夹时的应变和策应能力，让他在国王的体系里如鱼得水。得益于阿德尔曼的因材施教，甚至在对阵马刺的季后赛里，客串小前锋的威尔斯场均能够拿下20分、10个篮板的可怕数据。

当威尔斯需要皮球在手的特点遭遇范甘迪"除了姚明、麦迪，谁也别想持球进攻"的固执的时候，矛盾爆发了。整个赛季，本应该成为"姚麦"之外第三个得分火力点的威尔斯只打了28场比赛，就干脆擅自离队，火箭惨痛地失去他们可以依赖的一名猛将。

范甘迪固执的危害还体现在其他的方面，他那种将核心球员"往死里用"的打法，让本就身体有些脆弱的麦迪和姚明都开始频繁遭受伤病的侵袭。在2006/2007赛季，伤病如附骨之疽般围绕着休斯敦。先是刚刚开赛，麦迪就遭遇了背部疼痛的干扰，然后在姚明六场比赛得分上 30 之后，他也累倒了，腓骨骨折让他整个赛季缺席了 34 场比赛。

不过，比较幸运的是，这个赛季麦迪和姚明一起躺下的情况并不多见，两人基本上处于"轮番休战"的状态。最终球队还是赢下了 52 场比赛的胜利，有惊无险地再一次杀向 NBA 季后赛的舞台。

值得一提的是，这个赛季的姚明终于成长为联盟数一数二的超级中锋了，他场均已经能够贡献 25 分、9.4 个篮板、2 次助攻以及 2 次封盖，俨然开始接过奥尼尔手中的权杖，向着"联盟第一中锋"的宝座迈进。如果不是伤病的影响，姚明的天空或许更加蔚蓝。

进入 2007 年季后赛，休斯敦面临的对手是他们的"宿敌"——犹他爵士。

和休斯敦火箭一样，这支犹他爵士在世纪之交的时候，慢慢开始了重建，他们球队历史上最耀眼的二人组合"马龙+斯托克顿"都已经离开了球队。那个赛季站在火箭面前的是一支状态正在回暖的犹他爵士，他们还拥有德隆·威廉姆斯、卡洛斯·布泽尔、基里连科、费舍尔、保罗·米尔萨普、马特·哈普林，以及梅米特·奥库等一干精兵强将，阵容异常豪华。整支球队延续着老犹他经典的挡拆战术，并强调强悍的防守。

这是一支杰里·斯隆执教的球队，坦白地说，战术的多样化、执行能力、临场应变都要高出范甘迪的休斯敦火箭几个段位。火箭唯一占优的，也就只剩下了姚明和麦迪这两个核心点。

事实也证明了，只要姚明和麦迪有一个人不在状态，休斯敦根本就不是犹他的对手。

季后赛第一场，上半场姚明带领球队牢牢掌控住了局势。但中场结束之前，已经有些摸出火箭戏路的犹他人开始反击，一波 8 比 1 的小高潮，就让姚明上半场竭尽全力保持的优势荡然无存。待到中场休息时，犹他已经

以42比33领先火箭了。不过下半场开始，上半场还没有发力的麦迪突然发力，他里突外投、长枪短炮几乎无所不能，最终在第三节结束的时候，带领球队以59比53领先爵士。等到第四节，"姚麦组合"开始联手发威，抵挡不住的爵士轻松败下阵来，84比75，休斯敦取得开门红。

第二场，戏码几乎和第一场如出一辙，半场休城落后，但下半场"姚麦组合"又一次联手发威，最终以98比90再次战胜爵士。

但之后的比赛，几乎和当年对阵小牛的系列赛没有什么区别了。发现休斯敦过于依赖"姚麦"的缺点之后，老帅斯隆马上制订了相关的对策，他们一对一防守"姚麦"，用大面积乱转逼迫"姚麦"出球，然后封堵传球路线，并充分限制火箭的其他角色球员。这样的办法对于火箭这种过于依赖"姚麦"的球队极其有效，第三场他们出现19次失误，只有四个人得分，以67比81被爵士压

138

得死死的。第四场,他们依旧没有任何办法,四名角色球员加起来还不如爵士一个哈普林得到的分数多。最终火箭以85比98再次输给犹他。

直到回到休斯敦的第五场比赛,球队才勉强找回了一些颜面,依靠姚明和麦迪竭尽全力的发挥,他们才在最后关头锁定胜局。这一战,姚明砍下21分、15个篮板,而麦迪也有26分、16次助攻。这样的数据看似漂亮,但在肉搏激烈的季后赛,这种无以为继也是显而易见的,因此火箭队的结果已经不言而喻。

接下来的第六场,休斯敦输得相当憋屈,却也毫无办法,"姚麦"联手砍下51分,已经是不错的发挥。奈何双拳难敌四手,好虎架不住群狼,全线开花的犹他人让休斯敦人毫无还手之力,最终将系列赛拖入第七场生死大战。

抢七大战,姚明和麦迪的疯狂进攻,再度被爵士的全线开花击败。不过,他们全力以赴地把比赛拖入了最后时刻。关键时刻姚明甚至还造成布泽尔的犯规,两罚一中,让球队保有反超的希望。但休斯敦角色球员的羸弱防守显露无遗,他们连续丢掉后场篮板,让球队最终滑落失利的深渊,103比99,休斯敦火箭黯然离场。

2007年季后赛惜败爵士后,失望的火箭队解雇了杰夫·范甘迪。球队的问题显而易见,范帅难辞其咎,尽管他是一个不错的教练,但他并不太适合这支火箭队。

第十章
星陨明灭

箭气长红 / 休斯敦火箭传

二十二胜写春秋

2007/2008

告别了杰夫·范甘迪，休斯敦火箭开始痛思变革，威尔斯事件、"姚麦"的频繁伤病，都让休城对下一位主帅人选万分慎重。在千挑万选之后，他们将目光投向里克·阿德尔曼，这位名震天下的主教练曾经带领开拓者和国王成为一时豪雄，除此之外，他还拥有着不逊于"禅师"的球员相处智慧，在他的执教生涯里，他和"滑翔机""国王"等一干超级巨星都有着不错的师徒情谊。在种种考虑之后，休斯敦和阿德尔曼正式达成了合作意向，将这位"普林斯顿战术大师"引入休城。

阿德尔曼的到来，让休城一开始深陷"改革"的痛苦当中。首先是球员对阿帅战术体系的"排斥反应"，阿帅的战术和之前范甘迪采用的战术简直可以用"南辕北辙"来形容。范甘迪强调核心球员的持球，但阿帅则强调球权平衡；范甘迪习惯让姚明待在低位、麦迪持球主动安排进攻；阿帅却大幅度削减麦迪的持球进攻，并让姚明站在高位策应。范甘迪强调角色球员按照战术执行跑位；但阿帅却设计各种无求掩护，然后让球员自由发挥进行无球跑动。

总之，战术的反差，让休斯敦在一开始6胜1负，熟悉他们的对手也摸不着北了。但是随后球迷和媒体看着火箭队战绩下滑，一片质疑声马上充斥云霄，久经沙场的阿德尔曼却丝毫不为所动，他仿佛中世纪的炼金术师，完全沉浸在自己的实验当中，对外界的所有声音充耳不闻。

当他发现姚明确实没有韦伯或者迪瓦茨那种策应能力之后，他让姚明重新回到低位，但是他从不要求姚明进行过多的1对1单打或者持球强攻，他更希望姚明像昔日他在国王队的爱徒威斯那样在低位展现威胁，吸引对手的防守，从而给自己的队友创造机会。

姚明显然更适应这样的角色，这样的站位方式、进攻模式更符合他的习惯，同时也更灵活，避免更多无谓的"正面冲突"。同时，聪睿如姚明也明白，阿帅这样的安排其实也在帮助他减少伤病隐患，努力延续他的职业生涯。

休斯敦的转型开始还是缓慢的，毕竟阿帅要考虑两位核心球员的感受，同时还要尽量维持球队的平稳。但是麦迪突如其来的膝伤，给了阿帅更大的决心。两个核心在范甘迪那种硬碰硬的打法下遗留的频繁伤病告诉阿帅，球队必须要大幅调整了。借着麦迪缺

第十章／星陨明灭

HOUSTON ROCKETS

阵,阿德尔曼开始了休斯敦战术体系的重新规划,他将姚明树立为整个战术运转的轴心,辅以频繁的空切和无球跑动。

火箭终于凝聚成了一个整体。阿德尔曼无愧为大师,他和只为"姚麦"制订战术的范甘迪完全不同,他信任球队每一个球员,他为布鲁克斯、斯科拉、兰德里、威尔斯等球员量身设计战术,再把这些战术衔接到以姚明为轴心的进攻体系当中。

在阿帅充满智慧的改造下,这支火箭的进攻变得无比犀利流畅,如同水银泻地一般无孔不入。2008年1月30日,火箭主场对阵勇士,麦迪休战,姚明轻松地砍下了36分、19个篮板,带领球队以111比107战胜对手,开始了波澜壮阔的22连胜征程。

2008年2月2日,他们对阵步行者,姚明轻松地拿下17分、12个篮板,麦迪贡献19分、9次助攻。但之前从未有角色球员发威的休斯敦,这场比赛之中,却冒出兰德里,他砍下22分、7个篮板,球队在三人的带领下,以106比103挫败步行者,阿德尔曼对球队的改造已经开始建功。接下来的2月3日,休城背靠背迎战雄鹿,这场比赛,他们更是在全队紧密配合之下赢得轻松惬意,91比83,他们完成三连胜。

2008年2月5日对阵森林狼,面对苦主艾尔·杰弗森,姚明被全面压制,如果在范甘迪执教期间,姚明早就被勒令去强攻"山头"了。但是阿帅显然不喜欢这种中世纪欧洲战争的打法,他侧重发挥麦迪的进攻和策应能力,战术轴心快速转移到外线,避重就轻地完成了一场精彩的胜利,92比86,火箭依然轻松获胜。

接下来对阵骑士、老鹰、开拓者、国王等比赛中,"姚麦"之间的配合相得益彰,球队整个体系越发行云流水。休斯敦几乎开启了无敌模式,不管强队弱旅,都纷纷被休斯敦斩于马下,姚明在前11场连胜的比赛中场均拿下"20+10",不幸的是他在对阵公牛的比赛后宣布,由于左脚应力性骨折不得不暂别赛场。

本来已经士气高昂的休斯敦,惨遭当头棒喝,一时间全城上下愁云惨淡,姚明的伤缺几乎让火箭季后赛成为泡影。

休斯敦人的哀鸿遍野丝毫没有影响阿帅和

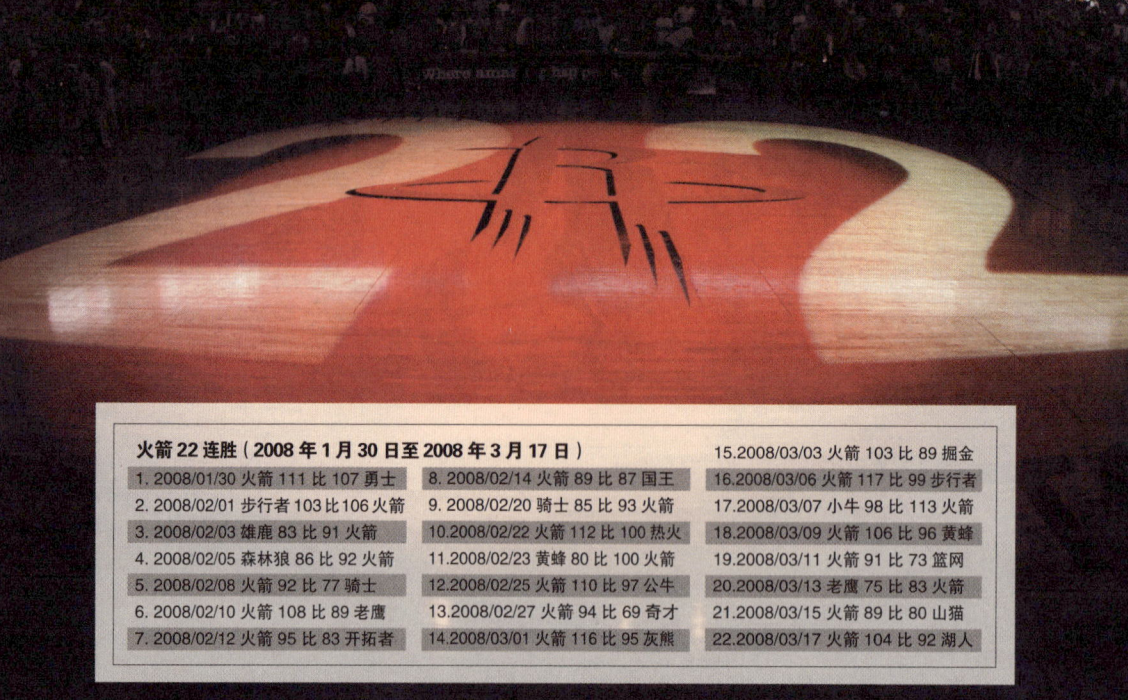

阵中球员，麦迪适时地挺身而出。在连胜的后半程，凭借麦迪场均24分、5个篮板、5次助攻的神勇发挥，加上火箭众人的团结一心，火箭队生生让红色风暴刮到了3月中旬。他们在胜利道路上的脚步没有因为姚明的离开而停止，他们反而走得更加坚定，因为他们下定决心要将季后赛作为送给姚明的礼物。

2008年2月27日对战奇才，火箭三军用命，全队五人得分上双，一举以94比69击溃华盛顿奇才。接下来对阵灰熊，他们打得更是侵略性十足，首节就建立了20分的领先优势，整场比赛根本没有任何悬念，火箭轻松以116比95狂扫灰熊。

在之后的比赛里，已经开挂的休斯敦几乎无可匹敌，整个联盟被他们打了个遍。从西海岸的掘金、小牛，到东海岸的步行者、篮网、老鹰、山猫，都成了休斯敦疯狂铁蹄之下的冤魂，每场比赛休斯敦都赢得干净利落，不给对手任何反击的机会。就这样，休斯敦将士轻松地把连胜纪录突破到了21场。

接下来的对手，是无比强大的洛杉矶湖人。2007/2008赛季的湖人已经在科比·布莱恩特的带领下重建王朝。而这场休斯敦与洛杉矶的西部巅峰对决，也确实颇有彗星撞地球的味道。阿德尔曼在这场比赛里再度上演他的"炼金神迹"。虽然麦迪全场梦游，但火箭却在阿尔斯通31分，杰克逊19分，巴蒂尔14分，斯科拉13分、11个篮板的带领下，以104比92彻底击溃了陷入单打独斗的科比和湖人。

这场比赛之后，休斯敦的连胜场次达到22场，稳稳站住了联盟历史连胜纪录的第二位，仅次于1971/1972赛季洛杉矶湖人的33连胜。

第十章 / 星陨明灭

不过，他们的好运也似乎到了头，在接下来对阵凯尔特人的比赛中，"绿衫军"的铜墙铁壁让已经筋疲力尽的休斯敦溃败下来，连胜纪录就此终结。

虽然火箭的 22 连胜被后来热火的 27 连胜以及勇士开季的 24 连胜所超越，但不妨碍它成为中国球迷心中，最难忘、最具有经历感的一波连胜。2007 年总经理莫雷和主帅阿德尔曼的相继上任，带来多位新援和更丰富的进攻战术，"姚麦组合"也令人重燃希望。

时至今日，很多球迷仍旧对那支火箭队念念不忘，那是"姚麦"经历初恋期后又一段甜蜜的岁月，那是"穆大叔"手指肆意、斯科拉长发飘逸、阿尔斯通运球诡异、巴蒂尔投射写意的岁月。

凭借这段波澜壮阔的 22 连胜，最终火箭以出色的 55 胜 27 负、西区第四的成绩结束了常规赛，他们在季后赛面对的依然是老对手犹他爵士。

2008 年季后赛战火重燃，所有人都在期待着阿德尔曼还能上演什么样的奇迹。如果是范甘迪执教，现在他们就输了，姚明赛季报销，还能有什么胜利的办法呢？可是如果是阿德尔曼的话，是否还能上演他那些奇妙的"炼金术"呢？接下来的事实告诉人们，神奇的法术还是要以强悍的实力作为基础的，对阵爵士的系列赛里，阿德尔曼的战术布置依然精彩，也经常有角色球员跳出来试图拯救球队。但面对爵士这种同样全队发威的打法，阿德尔曼也无力回天，虽然麦迪依然神勇无比……

姚明缺阵，麦迪孤军奋战，尽管第六战麦迪砍下比肩"飞人"的 40 分、10 个篮板、5 次助攻（在盐湖城这个 NBA 最恐怖的噪音主场，只有乔丹曾打出过"40+10+5"的战绩），但火箭仍然以 91 比 113 负于爵士，并以 2 比 4 宣告失利。历史总是惊人的相似，老对手、老排名、主场优势的一方惨遭淘汰，不同的是火箭缺少了当家中锋……

阿德尔曼没有将休斯敦火箭队成功转化为"休斯敦国王队"，即使补强了大前锋位置也无法弥补姚明不在的空缺，斯科拉毕竟不是克里斯·韦伯，拉美的舞步如何炫美也不能比拟华丽的"国王"，没有上线策应的"普林斯顿体系"一文不值，再加上当家控卫阿尔斯通的受伤，麦迪再次成了横枪立马、孤军奋战的西楚霸王……

麦迪伤重姚挂帅

2008/2009

  频繁的伤病让休斯敦火箭管理层压力倍增，他们有了些不好的预感：麦迪和姚明的组合似乎就要走到尽头了，这或许是他们依靠这对组合冲击总冠军最后的机会了。

  于是，在2008/2009赛季开始之前，他们迅速为"姚麦"寻觅来一位重量级的队友——罗恩·阿泰斯特。这位以防守成名的球星，在萨克拉门托时期阿德尔曼的教导下一改"刺头"本色，已经成为一名攻守兼备的球员。

  休斯敦得到了合同还剩下最后一年的阿泰斯特，只付出了鲍比·杰克逊和选秀权作为代价，这笔交易看起来休斯敦还是赚了。为了补强阵容，球队在赛季开始也陆续做了一下补充，他们将已经不复当年之勇的弗朗西斯交易掉，并随即签约迪肯贝·穆托姆博，解雇已经完全失去状态的海德，并用阿尔斯通交易来凯尔·洛瑞和布莱恩·库克。

  球队这些交易还是起到了不错的效果，尤其是阿泰斯特的加入，让休斯敦在外线防守实力上有了非常大的提升。开赛的前20场比赛，他们收获丰厚，赢下了其中13场比赛。坐拥"三巨头"的休斯敦甚至已经能够和联盟领军的圣安东尼奥马刺当面拍板了。然而，好景不长，职业生涯运气一向不佳的麦迪在2009年2月18日突然接受了左膝手术。他是在没有通知球队的情况下，自作主张完成这次手术的。

  整个休斯敦都因为这则消息疯狂了，几乎所有媒体都将枪口对准麦迪，他们无法容忍麦迪的这个决定。在NBA这个商业联盟里，麦迪的行为确实是球员大忌。

  不过，说起麦迪的这个决定，多少有点被休斯敦压迫下奋起反抗的味道。早在之前的2007/2008赛季，麦迪的膝伤就已经越发严重了。在对阵爵士的季后赛里，他甚至一度打着封闭、拖着伤腿在球场上奋战。

  但是，季后赛又一次首轮失利，让球队管理层和休斯敦球迷再度把一切问题怪罪到麦迪的头上，毕竟他是这支球队的领军人物，承担责任似乎也没什么不妥。麦迪也没说什么，还是比较敬业地在篮球场上继续带领球队前进。不过，随着2008/2009赛季的进行，麦迪的伤势已经到了无法适应NBA赛场激烈竞争的程度了。于是，他开始只打背靠背比赛中的一场，但这样的安排，他也显得力不从心。

  而这个时候，关于休斯敦火箭想要将他交易的流言铺天盖地而来。麦迪震惊了，他

第十章 / 星陨明灭

HOUSTON ROCKETS

了解联盟作为商业机构的本质,在他还能带伤上场的时候,将他交易掉,才能换来更好的筹码。休斯敦的管理层一定会这么做的,他们不会同意麦迪手术,因为麦迪一旦手术,他就没有了任何交易价值。于是,麦迪做出了他一生中最受争议的一个决定,他私自告诉 ESPN 自己将要接受膝盖手术,同时意味着赛季报销。

他觉得这样做最起码休斯敦会被迫留下他,只要等他伤愈复出,再次打出精彩的比赛,一切就过去了。然而,他错了,没想到休斯敦在得知他的决定之后,如此暴怒,如此决绝。

这些当然都是后话了,回到 2008/2009 赛季,由于麦迪手术而赛季报销,整个休斯敦瞬间失去了争夺总冠军的希望,这确实也是他们的"姚麦组合"时代最后一次冲击总冠军的机会。

不过整支球队似乎并没有受到这些消息的影响,阿德尔曼、姚明和阿泰斯特形成了不错的化学反应,球队球员也都很卖力。在调整了一段之后,球队迅速回到正轨,他们整个赛季拿下 53 胜 29 负,再度向季后赛发起冲击。

那个赛季姚明的状态还在巅峰,他出战 77 场比赛,贡献 38 次"两双",场均 19.7 分、9.9 个篮板、1.8 次助攻和 2.0 个盖帽,命中率高达 54.8%。他也因此入选了联盟最佳阵容的第二阵容,和他战斗在一起的巴蒂尔和阿泰斯特也同时入选了最佳防守第二阵容。

2009 年季后赛首轮,休斯敦的对手是波特兰开拓者,这支"青年近卫军"已经开始在拉马库斯·阿尔德里奇和布兰顿·罗伊的带领下逐渐成长为联盟内一股不可小觑的力量。但是在休斯敦面前,他们还略显稚嫩。

第一场比赛,姚明和布鲁克斯一起发威,前者全场 9 次出手全部命中,砍下 24 分、9 个篮板和 2 次封盖,后者独得 27 分,两人带领球队轻松以 108 比 81 击溃对手。

第二场,双方打得异常焦灼,休斯敦的"大叔"穆托姆博在一次意外碰撞中重伤,职业生涯因此结束。球队士气也似乎受到了"穆大叔"离去的影响,最终败下阵来。

但接下来的第三场、第四场比赛,休斯敦在姚明和阿泰斯特的带领下众志成城,没有再给波特兰任何机会。他们和波特兰人战斗到了最后一刻,并成功以 86 比 83、89 比 88 取下两场比赛的胜利。姚明在第四场比赛中也一扫之前的阴霾,拿下 21 分、12 个篮板,为球队系列赛的胜利奠定了基础。

第五场,不愿放弃的开拓者气势如虹,以 88 比 77 反扑成功,他们依靠内线的轮流

盯防,掐死姚明,进而让休斯敦整个进攻体系都陷入瘫痪。

不过第六场,老奸巨猾的阿德尔曼迅速应变,将进攻轴线移至外线的阿泰斯特身上。在阿泰斯特27分的出色表现下,休斯敦的进攻再度行云流水般运行开来,姚明也在内线贡献17分、10个篮板,最终两人带领球队在主场以92比74大胜"青年军"。这也是"姚麦"组建以来,火箭首度杀入分区半决赛。

有些讽刺的是,职业生涯从未杀入季后赛第二轮的麦迪此刻却在伤病名单里。

在分区半决赛上等待他们的是强大的科比·布莱恩特和洛杉矶湖人。

敌人之强大,俨如联盟总冠军的候选人。

但火箭上下并没有因此而畏惧,他们奋勇而上,为所有球迷奉献了七场荡气回肠的精彩表演。休斯敦的风骨在这个系列赛中展露无遗,虽然最后他们败给了未来的总冠军,但他们拼尽全力的表现,让他们也赢下了无数掌声和荣誉。

那个时候,所有深爱着休斯敦的球迷,都发自内心地为他们骄傲!是的,这群汉子值得人们为他们骄傲!

第十章／星陨明灭　　　　　　　　　　　　HOUSTON ROCKETS

七战湖人玉柱倾

2008/2009

2008/2009赛季季后赛的第二轮，休斯敦赢得了全世界球迷崇敬的目光。

第一战，他们异常强硬，竟然反客为主，比赛一开始就取得领先优势。双方打得难解难分，充满着肢体碰撞，首节巴蒂尔就血染赛场。在一次争抢篮板时，巴蒂尔在争抢中被湖人队的武贾西奇重重地打到眼角，鲜血一下涌出，顿时血流满面。但巴蒂尔随后经过简单处理就回到球场之上，继续积极奔跑，并拼尽全力限制科比的发挥。

火箭的血性顷刻间被激发出来，他们更加卖命地和不久之后的冠军队死磕到底。在最后一节的时候，让人更加激情澎湃的一幕上演了，姚明在防守中被迅疾跑动的科比狠狠撞击到膝盖，"小巨人"瞬间推金山倒玉柱般躺倒在赛场之上，痛苦地捂着受伤的膝盖，久久没法起身。

此时，全场都沉默了，谁都知道姚明的倒下对已经缺少麦迪的火箭意味着什么。休斯敦仅有的6分优势，恐怕就会因为姚明的下场，顷刻间荡然无存。

球队队医琼斯、总经理莫雷都心急如焚地冲进赛场，他们都已经做好了准备，哪怕姚明缺席比赛，也不能让他曾经重伤过的膝盖再出现任何问题。

在工作人员的搀扶下，一直没法起身的姚明慢慢站起身来，缓缓走向更衣室。所有休斯敦球迷的心瞬间冰凉，姚明的伤势绝对不轻，他似乎已经无法继续征战在赛场上了。

但就在姚明已经走到更衣室通道的途中，他突然间停下了脚步。"我没事，让我先试试。"他对琼斯这样说。但琼斯却坚决不同意，他不想让姚明冒职业生涯报销的风险。姚明突然急了，他想要回去和他的战友一起奋战，但琼斯仍然死活不同意。姚明沉默了几秒钟，他的眼睛紧紧地盯着琼斯，然后斩钉截铁地说道："我想要回去！"

姚明眼神里的坚定，让琼斯愣住了。就在这个时候，姚明突然转身，向休斯敦的替

149

补席走去。当他走出球员通道时，斯台普斯球馆两万多名球迷瞬间沸腾了，全场潮水般的掌声和喝彩声包围了姚明！这一刻，休斯敦和洛杉矶的敌对关系已经不重要，姚明的硬汉表现值得每一个人给予足够的尊重！

很快姚明就回到赛场上，回到他的战友身边。在他的带领下休斯敦气势如虹，姚明拿下最后15分中的8分，带领球队以100比92战胜洛杉矶湖人！全场比赛，他为球队贡献了28分、10个篮板。

赛后，休斯敦主教练阿德尔曼对自己的爱徒不吝赞美之词："我认为是洛奇（史泰龙扮演的传奇英雄角色）回到了赛场！"

然而，首场的胜利并不能掩盖湖人和火箭之间真实的实力差距。第二场，洛杉矶人没有给休斯敦人任何机会，他们以111比98痛宰火箭，扳回一城。那场比赛依旧充满着火药味，不过27投16中砍下40分的"飞侠"科比根本无懈可击。

第三场就像第二场的战况重演，湖人依旧以108比94获胜，但休斯敦人全场都没有放弃，也让湖人打得异常艰辛。这场比赛里，阿泰斯特第二次因为恶意犯规被驱逐出场，这个汉子一直用自己的强硬苦苦支撑着休斯敦的防线。

第四场，已经半步落入悬崖的休斯敦爆发出强悍的斗志，他们众志成城，在打出一波19比4的攻击波之后，一路领跑，最终以99比87挫败不可一世的洛杉矶人。此役，布鲁克斯发挥出色，他20投12中，三分球9投4中，拿下职业生涯最高的34分；巴蒂尔也12投6中，三分球10投5中，贡献了23分，两人成为球队获胜的首功之臣。

接下来的第五场,湖人再度展现出强者风范,他们全场都没给火箭任何机会,以118比78疯屠休斯敦。而这期间,一直作为火箭支柱的姚明,因为左脚骨裂,最终赛季报销,那次带伤归来,竟然成了他职业生涯最后的荣光。

或者,那一刻决然归来的姚明,内心中已经有了预感,他转身的背影也在向世人宣告着他内心的决然:也许别人的荣光在NBA的巅峰,但我的,或者就在这场比赛!这个时刻!

第六战,失去"姚麦"的火箭在阿泰斯特的带领下,背水一战,他们使尽浑身解数,疯狂地向湖人的阵地发起猛攻。洛杉矶人被休斯敦人不要命的打法震惊了,他们整场都被休斯敦人压制,最后竟然以80比95再次输给了休斯敦。系列赛进行到了第七场!

生死大战,缺少核心的火箭终于暴露出致命的弱点,他们没有人能够在球队急需止血的时候挺身而出,他们没有人能在战术被对方封堵的时候,依靠个人力量完成得分。因此,这场比赛火箭的场面有些难看,却也完全没有任何办法。比赛一开始他们就完全迷失,12投0中。整场比赛,尽管他们拼尽全力,也未能将比分差距缩小到18分之内。最终球队以70比89输给洛杉矶湖人,被淘汰出局。

休斯敦波澜壮阔、荡气回肠的2008/2009赛季就这么结束了,迎接他们的却是因为伤病而留下的满目疮痍。

在这个赛季的休赛期,休斯敦面临了一次重大的灾难,"姚麦组合"看起来已经寿终正寝了。首先是姚明，他左脚的骨裂非常严重，接下来的整个2009/2010赛季也确定报销，甚至整个职业生涯都前途未卜。随着姚明的倒下，在休斯敦看不到任何夺冠希望的阿泰斯特干脆地收拾行囊投靠了刚刚打败自己的洛杉矶湖人。

而球队的另一个超级球星特雷西·麦克格雷迪正在芝加哥进行恢复性训练，虽然传说他恢复得还算不错，但好不容易架构起来的"三巨头"，只剩下还不知道能恢复到什么程度的他，这显然不能给休斯敦的未来带来任何希望。

所有媒体和专家都不看好休斯敦的未来，"查尔斯爵士"甚至打赌休斯敦接下来的赛季只能赢下13场比赛，这次他聪明地没有加上"亲驴屁股"的赌注。但事实上大部分人都认为他赢定了，毕竟就算球队还有希望，面对这样的情况，还不如直接放弃，拿下一个状元秀，完成休城的重建才是正道。

"姚麦"离去风流云散

2010/2011—2011/2012

2009/2010赛季开始之前，球队核心巨星的伤退、离去，让之前看起来希望无限的休斯敦火箭瞬息间分崩离析。不过球队并没有放弃努力，在2009年休赛期，他们签下上届冠军湖人的外线防守尖兵特雷沃·阿里扎和澳大利亚中锋大卫·安德森，并在选秀大会上换来杰梅因·泰勒和蔡斯·巴丁格。在阿德尔曼这样的战术大师的带领下，就算这支火箭不可能争夺总冠军，但也不会沦为"鱼腩球队"，他们想要保持足够的竞争力等待姚明归来。

失去姚明，让火箭曾经赖以生存的内线优势荡然无存。不过，伟大的"炼金术师"阿德尔曼还是根据当时火箭队的球员，迅速打造出一支"袖珍型"的进攻之师。布鲁克斯、阿里扎、斯科拉成为休斯敦这套阵容里新的核心组合，而洛瑞和巴丁格也增加了这支球队的板凳厚度。在阿德尔曼全队一体、持续转移球、无球跑动等战术体系的交融下，这支火箭队开局打得非常不错，他们在2009/2010赛季上半程竟然打出了22胜12负的不俗战绩，让"查尔斯爵士"再次输掉了自己的开盘赌局。

随着休斯敦众将磨合得愈加纯熟，火箭队对伤愈复出的麦迪愈发冷眼相看，他们厌

第十章 / 星陨明灭　　　　　　　　　　　　　　　　HOUSTON ROCKETS

倦了麦迪的伤病，哪怕这位昔日得分王为休斯敦奉献了自己的青春和无数精彩纷呈的表现。他们只给麦迪每场八分钟的上场时间，仿佛在向所有球队展示自己的货物：你们看，他还能打比赛，他恢复得不错，值得你们拥有。

很快，他们就找到了麦迪的买家，2009/2010赛季中期，他们和国王、尼克斯做了一笔三方大交易，就这样，麦迪的火箭岁月戛然而止。他确实也付出了很多，那些带伤作战的日子，那些寡不敌众的日子，那些拼尽血泪也要拿下胜利的日子……

尽管那时的休斯敦主场上仍然播放着这样一段视频。麦迪坐在新闻发布台后，面带微笑地对迎接他的球迷和记者说："我承诺，从现在开始，一些伟大的事情将在这座城市里发生。"紧接着，掌声和欢呼声雷鸣般响起，仿佛麦迪的承诺瞬间就变成现实。麦迪的这番话，承诺在2004年的初秋，一个金色的季节。

麦迪和休斯敦，就像一对相恋多年的情侣。开始相遇的时候，甜言蜜语、浓情蜜意。相爱过程中，也留下无数弥足珍贵的片段……但是，当爱已经结束，他们却忘却了曾经那些温暖的回忆，在转身的时候，变得薄情寡义。

2010年2月19日，在莫雷的运筹帷幄之下，最终火箭、国王和尼克斯达成三方交易，麦迪加盟尼克斯，火箭得到凯文·马丁、乔丹·希尔、贾里德·杰弗里斯和2012年首轮选秀权（前五受保护）。于是，麦迪在火箭联手姚明的岁月就此终止。休斯敦开启了以"马丁＋布鲁克斯"这一后场组合为核心的、短暂的新时代。

彼时，马丁和布鲁克斯几乎成为联盟攻击力最强的后场组合之一，而在内线，斯科拉也逐渐觉醒，他全季贡献32次"三双"。新秀巴丁格也逐渐显示出不错的潜力，并在赛季中后期逐渐占据了板凳席上箭头人物的位置。

这一切，或者都要归功于阿德尔曼主教练，这位在联盟里执教了18年的老帅，最擅长的就是"变废为宝"，无论在萨克拉门托、波特兰还是在休斯敦，无数曾经被其他球队抛弃的球员在他的手里都找到了自己的价值所在。

但无论阿德尔曼有着怎样的魔力，休斯敦也无法克服球队缺少核心球员的现实，他们最终取得了42胜40负的战绩，在竞争激烈的西部，无缘季后赛。

2010/2011赛季的失败，让休斯敦人无限期盼姚明的"王者归来"。在2011/2012赛季快要开始的时候，他们的梦想似乎马上就要成真了。身披11号球衣的姚明在媒体日亮相，接下来的赛季，他即将重新出现在火箭队的阵容当中。

箭气长红　　　　　　　　　　　　　休 斯 敦 火 箭 传

人们欢呼雀跃，几乎都忘记了，姚明的复出还有这样的限制：每场比赛，"小巨人"都不能出战超过24分钟，这是对他脆弱的足部骨骼的保护。

或者，这样也无所谓吧，只要姚明出现在赛场上，休斯敦就能看到胜利的希望。但事与愿违，刚刚打了五场比赛，王者归来的姚明就再度倒下，他的旧伤复发，赛季再度报销。

而他的复出似乎也打乱了休斯敦本来熟悉的步调，五战皆负，姚明复出后的磨合期让休斯敦成了那个赛季联盟中最后一支取得常规赛首胜的队伍。姚明的倒下，让火箭上下无奈之中也松了口气，小个子阵容快速的打法明显和姚明不兼容，到底该选择哪个方向，任谁都没法给出答案，如此一来，倒让休斯敦无所顾虑地再一次走向"小、快、灵"打法。

然而，休斯敦的霉运远远没到头，他们的布鲁克斯、洛瑞纷纷倒下，好在马丁和斯科拉及时稳定地崛起，希尔和巴蒂尔也时不时贡献精彩表现，让他们在2010年12月28日终于把球队胜率追回到50%。

球队已经如一叶孤舟在大海沉浮，随时都有覆灭的危险。球队管理层，尤其是时任球队总经理的莫雷痛下决心，再次放弃围绕姚明组建球队。他开始苦苦追求"甜瓜"，但"甜瓜"加入豪门尼克斯让他吃了闭门羹。在交易日截止前，被拒绝的莫雷迅速完成两笔交易，送走了巴蒂尔和布鲁克斯，迎来了塔比特和德拉季奇。

球队似乎也有所起色，一度冲击到了西部第九，但在最后关头斯科拉、洛瑞的受伤，让休斯敦冲击季后赛的任务再次失败。43胜39负，他们依然被关在季后赛的大门之外。

2011年7月20日，姚明宣布退役……看似无比震惊的消息，但细细想起会发现早有征兆，2010/2011赛季姚明只打了五场比赛就再度赛季报销，那时姚明并没有长时间待在休斯敦专心康复训练，而是频繁地往返于中美之间，并用更多的时间陪伴家人，此时回想起这些细节，退役似乎已是水到渠成。

2011年7月9日便有微博爆料"姚明退役是因为手术后脚伤恢复得并不理想，并再度发现骨裂"。虽然这个消息没有得到证实，但也隐约说明姚明依然没有摆脱脚伤的阴霾。其实姚明手术后一直积极恢复，每日在水中坚持长达几小时

第十章／星陨明灭　　　　　　　　　　　　　　　HOUSTON ROCKETS

的恢复训练。虽然他的左脚里有重达1斤的钢板和铆钉，但姚明回归NBA的信念从未因此动摇。只是左脚的伤病如同"阿喀琉斯之踵"一样成为强大巨人倒下的唯一命门。

就这样，随着麦迪远走，姚明退役，名动一时的"姚麦组合"彻底告别江湖。

他们曾经带给我们无尽的遐想，但也留给我们无尽的遗憾。他们的天赋和实力堪比如日中天的"OK组合"，然而伤病成为制约他们前进的绊脚石。相比激情四射的硬汉弗朗西斯，麦迪更像是一个内向的大男孩。单论实力而言，麦迪比弗朗西斯明显高了一档，但是姚明与麦迪的关系始终更像是单纯的战友而不是铁兄弟。

场上狂飙的"T-Mac"足以让任何一个人胆寒，而场下麦迪沉寂内敛，有一种淡淡的忧郁，那是属于天才式的忧郁，他的性格就如同他的眼神一样慵懒、迷离，令人捉摸不透。

姚明和麦迪可谓是名副其实的患难兄弟，伤病一次次侵袭了这两位英才。原本未来前景一片光明的火箭也一次次因为这两位核心此起彼伏的伤病"发射失败"。

当麦迪远走底特律，随活塞回到休斯敦时，姚明给了他一个深深的拥抱。当时不知有多少球迷为之潸然泪下，他们为这对命运多舛的"姚麦组合"惋惜的同时，也为他们彼此间的友谊所感动，"姚麦组合"承载了一代人青春的篮球记忆。

第十一章
"魔登组合"

箭气长红／休斯敦火箭传

 箭气长红　　　　　　　　　　　休 斯 敦 火 箭 传

哈登空降"航天城"　　　　　　　　　　　　　　　　　　2012/2013

　　在 2011/2012 赛季开始之前，休斯敦正式和"姚麦时代"告别了，与此同时，在经历几个赛季无缘季后赛之后，老帅阿德尔曼也耗光对事业的最后一点热情，身体原因、家庭原因让他挥手告别了休斯敦，前往明尼苏达拿起教鞭。

　　休斯敦其实愧对老帅多年的苦心经营，他们请来老帅的时候，是以"姚麦"作为"诱饵"，让一心想要弥补没有总冠军遗憾的老帅堕入彀中。但无情的事实却是，杰夫·范甘迪早已耗光姚明和麦迪所有的青春力量，阿德尔曼只能在频繁的伤病侵袭中慢慢地带着休斯敦前进，莫雷尝试着给予老帅更多的支持，但终究因为受制于薪资帽、奢侈税这样的理由，再也没有引入强力球星的能力了。毕竟休斯敦不是洛杉矶或者尼克斯这样的豪门，他们只能零敲碎打地攒筹码，或者通过选秀慢慢培养属于自己的超级巨星。

　　2011 年 5 月 28 日，火箭主教练换成凯尔特人昔日名宿、原森林狼队主帅凯文·麦克海尔，休斯敦也登上了前往下一个时代的航程。

　　2011/2012 赛季是缩水赛季，麦克海尔率领缺兵少将的火箭打出 34 胜 32 负的战绩，名列西部第九，虽然无缘季后赛，但休斯敦看到了复苏的希望。

　　2012/2013 赛季，麦克海尔在阿德尔曼的基础上，将球队的战术更加剑走偏锋。这也因为球队在之前的休赛期终于完成了一系列重磅引援。

　　2012 年 7 月 17 日，火箭签下曾经在纽约创造"林疯狂"的林书豪。

　　2012 年 10 月 28 日，雷霆与火箭就哈登的交易问题达成协议，俄城方面将詹姆斯·哈登、科尔·阿尔德里奇、戴奎恩·库克、拉扎尔·海沃德打包送到休斯敦，换来凯文·马丁、杰里米·兰姆和三个未来的选秀权（三个选秀权分别是猛龙的一个首轮保护选秀权、小牛的一个首轮保护选秀权、山猫 2013 年的二轮选秀权）。

　　2012 年 10 月 31 日，哈登与火箭正式完成续约，一份五年价值 7850 万美元的合同，从 2013 年夏天开始生效，2018 年到期。休斯敦火箭正式进入哈登时代。

　　鉴于哈登的加盟，休斯敦已经决心围绕他来建立一支全新的火箭队，当时除了作为交易筹码被送往俄克拉荷马的凯文·马丁等人，休斯敦整个赛季都在不断地进行球员交易，进而完成球队更新和升级。这样频繁的交易变动，自然也影响到了球员的情绪。因

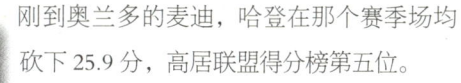

为没有人知道今天还在火箭效力，第二天会不会改换门庭。

但球队的管理层似乎已经下定决心，他们宁可拿一个赛季去实验阵容、磨合球队，也不愿意将就着过完赛季，却发现球队毫无变化。在管理层决心之下，火箭整个赛季的进程异常崎岖，他们在四号位的阵容漏洞明显，于是就成了实验的重灾区。直到交易截止日前，他们才完成最后的折腾：送走了托马斯·罗宾逊这支未来的潜力股，迎来了弗朗西斯科·加西亚，嗯，也许算得上是"即战力"吧。

麦克海尔因痛失爱女而休息了一段时间，这让火箭失去掌舵人。在这样的情况下，凭借一众年轻人的疯狂快攻，居然在 2012/2013 赛季结束时，取得 45 胜 37 负，终于赶上 2013 年季后赛的末班车。尤其是哈登，在离开雷霆后，他获得无限出手权，爆发出超强火力。

火箭新领袖哈登确实是那个神奇赛季的缔造者，职业生涯首次带队的他，仿佛成了刚到奥兰多的麦迪，哈登在那个赛季场均砍下 25.9 分，高居联盟得分榜第五位。

除了哈登，欧米尔·阿西克和钱德勒·帕森斯的崛起，也是火箭那个赛季堪称"神奇"的部分。之前赛季场均 9.5 分，在全队仅位居第七的帕森斯，在 2012/2013 赛季场均得分跃升至 15.4 分，仅次于哈登排全队第二。在 ESPN 当年关于"进步最快球员"的预测中他也占据一席之地。阿西克 82 场

第十一章 /"魔登组合"

全勤,场均可得 10.2 分、11.7 个篮板,远超上赛季(3.1 分、5.3 个篮板)。他在场时火箭每 100 回合失分 105 分,他离场时激增到 112.7 分。

不过哈登也带给休斯敦火箭很大负面影响,因为他的存在,整支球队都开始疯狂地外线飙分,三分球和长中距离成了核心武器。在三分线外,火箭场均出手 28.8 次,高居联盟第二。但在 10 英尺(约 3.05 米)到 23 英尺(约 7.01 米)的区域,火箭场均仅出手 13.1 次,在联盟垫底,且命中率均在 40% 以下。这样的打法,让休斯敦在常规赛的战绩犹如坐过山车。

2013 年季后赛,面对哈登的老东家雷霆,休斯敦火箭外线不稳定的弱点逐渐暴露。波澜壮阔的六场对攻大战,忠诚的休斯敦球迷也必须承认,如果不是贝弗利第二场比赛"报废"了威斯布鲁克的膝盖,他们根本没办法坚持到第六场。

我们来复盘一下六场大战的简况。

2013 年 4 月 22 日,他们系列赛的第一场比赛,人马齐备的俄克拉荷马势如破竹,休斯敦根本无力抵挡,很快就败下阵来。而休城失败的根本原因就是首发组织后卫林书豪面对威斯布鲁克的进攻根本无力抵挡。最终"哈林组合"合计只得 24 分(哈登得到 20 分),休斯敦以 91 比 120 大比分惨败。

接下来 4 月 25 日的第二战,林书豪和威斯布鲁克都因伤退出比赛。威斯布鲁克是在一次进攻中被扑上来抢球的贝弗利撞伤膝盖,最终导致赛季报销。这场比赛在威斯布鲁克伤退后才有了一些悬念,最后一节俄克拉荷马 15 分的领先优势一度荡然无存,还被休斯敦反超了 4 分。但很快,雷霆就组织了反击,并最终以 105 比 102 再次战胜火箭。

4 月 28 日第三场,休斯敦一度被俄克拉荷马打得找不到北,落后 26 分之多。但他们随后在哈登的带领下展开反击,在终场 45.2 秒的时候一度反超 2 分。但雷霆在杜兰特的带领下,还是将胜利牢牢掌握在自己的手中,101 比 104。从历史经验上来说,休斯敦在系列赛中获胜的可能性几乎为 0。

第四场和第五场比赛,火箭在生死边缘拼命搏杀赢来两场胜利,分别以 105 比 103、107 比 100 战胜对手,将胜负悬念留到第六场。这两战中,帕森斯和哈登均有上佳表现,休斯敦没有防守的疯狂进攻终于在手感顺畅的情况下,赢下了孤军奋战的杜兰特。

第六场大战,雷霆在休斯敦丰田中心没有给火箭任何机会,虽然哀兵奋战的休斯敦一度取得了两位数优势,但很快在雷霆潮水般的攻势中淹没。94 比 103,休斯敦没能抵挡住雷霆的进攻,大比分 2 比 4 被雷霆淘汰,结束了 2012/2013 赛季的征程。

"魔登组合"现休城

2013/2014

在 2012/2013 赛季输给俄克拉荷马之后,休斯敦管理层又开始了对现有阵容的补强工作。哈登的成长让他们看到了希望,但球队内线的短板也众所周知,他们想要引入一位超级内线,来弥补这一缺陷,同时,也为了延续这座城市拥有超级中锋的优良传统。

在进入新世纪之后,联盟的超级球星越来越向外线发展,之前 20 世纪 90 年代四大中锋共舞的盛况已然不见。那个赛季能称为超级内线的球星少之又少,德怀特·霍华德显然是其中的佼佼者。而这位"魔兽"在和科比、纳什、加索尔组成新"F4"之后,在洛杉矶过得并不快乐。休斯敦管理层适时出击,迅速和霍华德达成意向,将"魔兽"带回休城,建立起让联盟都为之震惊的"摩登组合"。

超级球星的到来,并不一定都是好事。

2013/2014 赛季初期,"魔兽"带给休斯敦的并不是统治力,反而更多的是球队的磨合、内线庞然大物降临导致空间压缩等问题。麦克海尔一时间找不到解决的办法,于是大半个赛季的战术磨合就此开始。最初的一些比赛,麦克海尔倔强地希望"魔兽"和阿西克能够组成"双塔",这个奇妙的组合让球队一直在输球。

麦帅的这一尝试也多少让人有些摸不着头脑,两个移动缓慢、占用内线空间较大、射程较短的内线站在一起,联盟中真的鲜少有主教练去做这样的尝试。

终于麦克海尔主教练意识到"魔兽"和阿西克的不共存特性,恰逢阿西克受伤,于是麦帅眉飞色舞地安排泰伦斯·琼斯顶替阿西克出现在首发阵容之中,球队也终于开始渐入佳境。琼斯的首发,确实盘活了死气沉沉的休斯敦内线,他能够为"魔兽"拉开足够的内线空间,还有不错的无球进攻能力,不占用球权。同时,他也盘活了球队外线的钱德勒·帕森斯,不再"拥挤"的内线,让帕森斯终于得到了足够的游走空间,他开始在进攻端爆发,逐渐成为球队中除哈登以外最能掌控比赛的球员。

除此之外,麦克海尔还对球队的组织后卫位置进行了调整,他将贝弗利稳定在首发位置,利用贝弗利"疯狗"一般的防守去锁定对方阵营中外线的攻击核心。同时彻底解放了哈登,让这位超级得分手能够把更多注意力放在进攻端。林书豪则被他安排到了替补阵容,"林疯狂"授命保证球队第二阵容的进攻火力。

在这一系列调整之后，休斯敦终于走上正轨，他们在 2013 年 2 月、3 月的比赛中状态火热，球队化学反应日趋良好，并先后力挫热火、步行者等超级强队，最终整个赛季战绩锁定 54 胜 28 负，以西部第四的身份，再次杀入季后赛。

火箭这个赛季战绩一帆风顺的同时，球队却有些暗潮正在涌动。首先是"魔兽"从洛杉矶的"叛逃"，让媒体和球迷对这个"长不大"的超级中锋的心智充满着质疑，而在休斯敦，他和哈登之间也并非亲密无间。另外，"魔兽"不是一个合格的领军人物，他的某些性格特征，会在某些"攻坚战"中拖了整个球队的后腿，而这也会让球员间的矛盾激化。

除霍华德以外，因为霍华德降临而遭到球队"弃用"的欧米尔·阿西克、多纳塔斯·莫泰尤纳斯也相继爆出"不满上场时间减少""想要离队"的负面新闻。

总之，在外界乱七八糟的质疑声和评论声中，休斯敦开始了季后赛的征程。

他们的对手是波特兰开拓者，曾经在"姚麦"时期和他们季后赛首轮血战到底的波特兰开拓者已经发生了不小的变化，昔日球队核心布兰顿·罗伊和格雷格·奥登都因为严重的伤势在当打之年离开了大众的视线，当时"青年军"的核心人物只剩下阿尔德里奇一枝独秀。不过新秀达米恩·利拉德已经悄然崛起，在这个系列赛里，这个年仅 23 岁的小伙子就将贡献精彩纷呈的表演。

2014 年 4 月 21 日，休斯敦和波特兰战火燃起。第一场比赛，休城一路顺风顺水，在第四节开始的时候还领先波特兰 13 分之多。但第四节风云突变，开拓者突然祭出"砍

　　霍战术",频频将霍华德送上罚球线。休斯敦的战术节奏彻底被打乱,最终被开拓者成功追平比分,并拖入加时赛。加时赛上,已经彻底没有了节奏的休斯敦败下阵来,被波特兰以122比120偷走一场胜利。

　　接下来的第二场,几乎成了霍华德与阿尔德里奇的内线巅峰对决。霍华德砍下32分、14个篮板并送出4次封盖。但阿尔德里奇明显技高一筹,他的中远距离投篮蛮不讲理却无比精准,最终砍下43分、8个篮板、3次封盖,在他疯狂进攻的带领下,开拓者再下火箭一城,以112比105终结这场比赛。

　　主场被人连下两城的休斯敦知耻而后勇,在玫瑰花园球场,他们对波特兰进行绝地反击。哈登独得37分、9个篮板、6次助攻,霍华德也豪取24分、12个篮板,"魔登组合"联袂发威,率火箭在最后关头将比分追平,并拖入加时赛。在加时赛,林书豪的飞身救球在最后关头挽救了球队,而他更在最后11.9秒时送出致命助攻,帮助"仙丹"特洛伊·丹尼尔斯完成一记"天外飞仙"的准绝杀,最终休斯敦火箭以121比116扳回一城。

　　第四战,双方依旧杀得难解难分,第三场建立奇功的林书豪却在这场比赛的关键时刻出现失误,导致比赛再度被拖入加时。在加时赛,已被夺取士气的火箭再度不敌开拓者,以120比123又输一场。

　　生死关头,第五场比赛,林书豪将功补过,整场拿下21分,而哈登也在关键时刻连得7分。两人帮助球队最终获得这场比赛的胜利,让系列赛的胜负留到了第六场。

　　第六场一开始,双方就使尽浑身解数,相互紧咬比分,一直战到最后时刻。关键时刻,帕森斯在混战中补篮命中,休斯敦以98比96领先2分,时间只剩下0.9秒,基本上已经锁定胜局。然而在这个系列赛中一直发挥出色的利拉德在绝境中挺身而出,在最后的0.9秒钟完成接球——出手——三分命中,上演超级绝杀!最终开拓者以98比97险胜火箭,将休斯敦人送回了老家。

第十一章/"魔登组合"　　　　　　　　　　　　　　HOUSTON ROCKETS

沉快船火箭展神威

2014/2015

　　2013/2014赛季的休斯敦火箭可以说是一个彻头彻尾的失败者，他们在自由市场先后想要追求卡梅隆·安东尼和克里斯·波什，但都相继以失败告终，这和球队总经理莫雷"不花钱还想把酒打回来"的经营思路息息相关。那个休赛期，莫雷终于尝到了他持续"占便宜"而酿下的苦果，他不仅在追逐超级球星的过程中惨遭无视，还因为他的"功利主义"让球队一手培养出来的阿西克、帕森斯彻底死心，相继离开休斯敦。

　　就在这样的情况下，2014/2015赛季拉开了帷幕，赛季开局阶段，得益于詹姆斯·哈登如彗星般的崛起，球队战绩不错。但很快，休斯敦就遭遇了大面积伤病，球队战绩也有所起伏。直到交易截止日前，莫雷再次以极少的代价，替球队弄来了科里·布鲁尔和约什·史密斯。成功的引援加上哈登的爆发，让火箭战绩一直都还不错，但常规赛收官阶段贝弗利和莫泰尤纳斯因伤赛季报销，让火箭2015年季后赛之旅蒙上一层阴影。

　　2014/2015赛季休斯敦最大的收获，就是他们在继摩西·马龙和哈基姆·奥拉朱旺之后，终于迎来了又一个MVP级的球队领袖——詹姆斯·哈登。

　　如果在之前的几个赛季里，哈登是一个不错的超级得分手或者超级巨星的话，那么在2014/2015赛季里，他已经向一位"统治级的球队领袖"蜕变了。

　　2014/2015赛季，哈登场均能砍下27.4分、7个篮板、5.7次助攻并送出1.9次抢断，他在球场上的表现也愈发稳定，并开始包揽球队的一切重任。在大面伤病侵袭休斯敦的时候，当他身边没有霍华德并肩作战的时候，他都能够带领球队不断取得胜利。

　　哈登用他的行动和方式引领着球队其他球员逐渐凝聚在一起，并开始学会运用自己独特的天赋去帮助球队弥补短板。在防守方面，之前几个赛季一直被戏称为"眼神防守专家"的哈登也开始有了变化，他加强了防守的压迫性与专注度，并送出了职业生涯最高的抢断和盖帽，并在防守胜利贡献值和防守评分榜单上都有了大幅的提升。在面对一些重要对手的时候，他开始学着不退让，并尝试开始咄咄逼人。虽然他依然不是一个出色的防守者，但和之前的他相比来说，他的防守已经脱胎换骨。

　　火箭就这样在哈登的带领下，打出了56胜26负的骄人战绩，再度杀向了季后赛。

　　2015年季后赛首轮休斯敦火箭对阵达拉斯小牛，巧合的是小牛正是他们十年前的老

对手,十年前"姚麦"领衔的火箭被小牛在抢七大战痛扁的余恨犹在,但如今小牛已垂垂老矣。

尽管诺维茨基仍在达拉斯阵中,但在霍华德和史密斯频繁"空袭"下,休斯敦彻底将达拉斯夷为平地。他们轻松就以4比1终结了达拉斯人的季后赛之旅。

接下来对战洛杉矶快船,休斯敦率先发难,想要抓住克里斯·保罗因伤缺战的机会,击溃快船,却不想"白魔兽"格里芬首战贡献"三双"的全能表现,带领快船反戈一击,以117比101战胜火箭。第二战刚开始,洛杉矶人稳坐钓鱼台,一直牢牢掌控局势,但下半场休斯敦三军用命,终于以115比109完成逆转。这场比赛,休斯敦获得了64次罚球,刷新了队史季后赛的单场纪录。

第三场、第四场,快船已经完全找到赢球的节奏,而保罗的火线复出,让休斯敦更加难以招架。第三场快船在第三节末段打出一波18比0锁定胜局,最终以124比99屠杀休斯敦。第四场,几乎是第三场的重演,快船依旧是在第三节打出一波29比7,最终以128比95再次完成屠杀。这两场比赛,休斯敦的领军人物哈登突然神游物外,这让休斯敦的失败显得毫无还手之力。3比1,看起来胜券在握的洛杉矶人刚刚松了一口气,没想到休斯敦却在终于元神归位的哈登带领下,上演了一场精彩的超级逆转。

NBA历史上此前只有八支球队在1比3落后的绝境中翻盘,最近的一次是2006年太阳在首轮逆转湖人。1995年火箭也曾在西部半决赛中完成过连扳三场淘汰太阳的壮举,所以,火箭总经理莫雷以此激励队员:"别忘了,我们有绝处逢生的强大基因。"

第五战,哈登完全势不可挡,砍下26分、11个篮板、10次助攻的"大三元",带

领火箭 124 比 103 狂胜对手。第六战,休斯敦一度落后 19 分,但在史密斯和布鲁尔的狂轰滥炸下,他们竟然完成惊天大逆转,最终以 119 比 107 将系列赛拖入第七场。

抢七大战,哈登再度贡献"准三双",砍下了 31 分、7 个篮板、8 次助攻和 3 次抢断,求胜欲望稍显不足的快船以 100 比 113 败下阵来,而火箭也成为 NBA 历史上第九支在 1 比 3 大比分落后的情况下最终赢下系列赛的球队。

火箭的强势逆转,让保罗再一次无缘触及"西决的地板"。

2015 年西部半决赛让休斯敦载入史册,也彻底耗光了火箭的所有气运与能量。在接下来的西部决赛中,他们对阵如日中天的勇士,火箭被"水花兄弟"领衔的金州勇士彻底压制。

前两战,火箭与勇士尚有一搏之力,尤其是在第二战,在詹姆斯·哈登 38 分、10 个篮板和 9 次助攻的超级发挥下,他们甚至一度将勇士逼入绝境。但上帝明显站在勇士这边,最终勇士还是以 99 比 98 有惊无险地取下第二场比赛的胜利。

待到第三场,休斯敦似乎从心态到行动上已经彻底被金州人摧垮,勇士摧枯拉朽的进攻让火箭没有任何还手之力,115 比 80,休斯敦输得相当凄惨。

第四场,已经无路可退的休斯敦终于爆发出了殊死搏斗的勇气,他们在哈登几近疯狂的 45 分带领下,终于艰难地以 128 比 115 赢下了一场胜利。然而这也是他们 2014/2015 赛季的最后一场胜利。

第五场,已经完全掌控节奏的金州勇士没有再给休斯敦任何机会,他们全场掌控着节奏和局势,最终以 104 比 90 挫败休斯敦,轻松晋级总决赛。而 1 比 4 惨遭淘汰的休斯敦火箭上下,也只能黯然收拾行装,返回休城,去开始下个赛季的筹备工作。

休 斯 敦 火 箭 传

登哥迷恋卡戴珊

2015/2016

2015/2016 赛季，休斯敦迎来了哈登加盟之后状态最烂的一个赛季。

国王名宿克里斯·韦伯在仔细观察了休斯敦这个赛季前两个月的比赛之后就表示："火箭队是联盟中最令人失望的球队，比费城 76 人队还令人失望。"而当时火箭 16 胜 16 负的战绩好歹还是西部第七，结果没想到在随后的日子里，火箭变本加厉地打出了闹剧般的甚至略显丑陋的整个赛季。这种"任性""淘气"甚至略显神经质的表现让所有人包括火箭的对手都惊呼"不可想象"，上一赛季创纪录杀进西部决赛大战勇士的天赋纵队，一转眼竟然就走向了分崩离析。

从赛季开始，休斯敦就一路挣扎，仿佛深陷泥沼的驽马，只剩下了疯狂的垂死挣扎。球队人员的配置和之前的 2014/2015 赛季并没有什么不同，可是那股子天不怕地不怕的疯癫却突然消失无踪，仿佛被勇士最后一场 33 分的屠杀彻底打磨掉了内心里最后一丝对胜利的期许。于是，休斯敦开始了丑陋不堪的 2015/2016 赛季征程，整支球队完全没有任何斗志，忽好忽坏。

而这一切似乎都源于赛季初，麦克海尔主教练的下课，更源于哈登和卡戴珊裹脚布一般又臭又长的"爱情故事"。

2015/2016 赛季初，因为哈登堕入爱河，火箭开局有些低迷。总经理莫雷无视了两人的爱情，毅然决然地将主教练麦克海尔当了替罪羊，宣布了他的下课，并将帅位移交给比克斯塔夫，这一切就成了火箭深陷泥沼的开始。

诚然，自从哈登加盟，这支球队并不是一支能够用正常逻辑思维判断的球队。但在之前，他们总是充满疯子一般的精神，敢于和联盟任何一支超级球队叫板。而在麦克海尔的带领下，

第十一章 / "魔登组合"

虽然他们喜欢疯狂进攻，但在防守端他们也投注了同样的热诚。在之前的赛季，他们甚至还占据过联盟防守榜单的第一位，但是在 2015/2016 赛季他们直接变成了倒数第三。

显然临时主教练比克斯塔夫要为这件事负责，但他也不过是赶鸭子上架，一切都源于莫雷总经理炒掉麦克海尔的"精明算计"。

比克斯塔夫很会处理和超级球星之间的关系，在执教上基本没有什么战术可言，就是让哈登打得开心就好。偶尔的胜利，也要依靠火箭外线射手群们神经质的发威。在一片混乱的打法里，似乎每个人都分到了球权，休斯敦的球员们看起来"其乐融融"。

但唯独有一个人不开心了，那就是"魔兽"德怀特·霍华德，在比帅"天纵英才"的执教下，联盟数一数二的超级中锋，被生生降级成了一个超级蓝领。霍华德在比帅执教日子里的遭遇只能用凄惨来形容，每场比赛他能摸到篮球的次数寥寥无几，还要靠自己在内线甩开膀子和敌人争抢前场篮板，每场比赛完全无用的折返跑怎么也得几十次。

于是，霍华德不开心了，更糟心的是，哈登完全没有为他说话的意思。随着赛季的进展，霍华德和休斯敦火箭之间的裂缝已经越发不可弥补了。

如果只是这些问题，或者休斯敦也不至于那般凄惨，莫雷的"精明算计"才是压倒骆驼的最后一根稻草。休赛期，他引入泰·劳森，本来被寄予厚望，结果用了一段时间发现不行，就果断将人赶走。除此之外，他把马库斯·索顿、约什·史密斯拋来送去，用了几场不合适就果断抛弃，"冷血无情"四个字简直可以作为他的封号。但人心是肉长的，你在做，你的球员在看，于是球员和休斯敦火箭管理层之间的离心离德，也成了让休斯敦最终沉沦的重要原因。

虽然陷入混乱，但 2015/2016 赛季 41 胜 41 负的火箭还是挤入了季后赛。

不过，这样敬陪末席进入季后赛，火箭没有什么作为也显然是意料之中。他们再度遇上了如日中天的勇士，系列赛被打得丢盔弃甲。2016 年 4 月 16 日季后赛首战，坐拥主场之利的勇士只用了一节时间就将比赛的悬念破解，33 比 15，火箭在对手凌厉的攻势面前毫无抵抗力。整场比赛，火箭的投篮命中率只有 35.7%，出现了多达 24 次失误。哈登全场没有获得一次罚球，只得到 17 分、3 个篮板、2 次助攻，却有高达 6 次的失误。

第二场对于火箭来说机会难得，因为库里因脚踝伤势而缺阵，利文斯顿先发。但即便如此，哈登全场 19 投仅 7 中，8 次三分出手只命中一球，拿下 28 分、11 次助攻。

带着 0 比 2 的比分回到主场，火箭放手一搏，比分犬牙交错。比克斯塔夫增加了莫

泰尤纳斯的出场时间,并将此前的八到九人轮换压缩至七人,约什·史密斯和科里·布鲁尔几近弃用。搏命式的厮杀,换来的是火箭对内线的绝对控制权,第三场比赛,他们在篮板球上以 52 比 43 完胜,莫泰尤纳斯和"魔兽"各自抓下 13 个篮板,保卫禁区。哈登则砍下 35 分、8 个篮板、9 次助攻,并在终场前 2.7 秒时后撤步跳投完成绝杀。97 比 96,火箭在主场艰难扳回一城,留住了一丝系列赛的悬念。

第四场比赛,前两节双方互不相让,带着 56 平的比分进入第三节后,画风突变。勇士一波 41 比 20 的旋风攻击波,伴随着漫天的三分雨,将火箭的反扑气焰彻底浇灭。121 比 94,勇士攻陷火箭主场,3 比 1,晋级在望。

刷新季后赛生涯单场抢断纪录(7 次)的哈登,对于球队的表现非常失望。

第五场比赛,移师金州,没有库里,火箭全队还是信心满满,但现实很骨感。

8 投 1 中,三分 7 投全铁,阿里扎还是之前的那个"铁扎"。当贾森·特里 7 投 0 中时,赢球比白日做梦更具有喜剧色彩。霍华德 13 投 3 中,只得 8 分,却揽下 21 个篮板的数据,诡异得让人无法参透玄机。只有哈登,在一场屠杀中面不改色,手起刀落,但他 23 投 12 中——系列赛唯一一场命中率破五成的比赛,与火箭全队的进攻效率显得格格不入。

火箭 32.6% 的全队命中率对上勇士的 54.9%,三分命中率是 18.8% 对 41.9%,安有不败之理?哈登砍下 35 分、6 个篮板、6 次助攻,外加 7 次失误。但缺少库里宛如断臂的勇士还是能使出全套的降龙十八掌,114 比 81,功亏一篑。

1 比 4 被金州人轻松击败,火箭草草地结束了 2015/2016 赛季。

从西部决赛堕落至首轮出局,火箭在 2016 年的糟糕表现,让亚历山大和莫雷颜面扫地,他们迫切需要拿出有效的改革方案。"临时工"比克斯塔夫在赛季结束后第一时间便告知火箭管理层,自己将不会争取下赛季的主帅职位。

所以,改变,从选帅开始。

于是"炮轰大师"麦克·德安东尼驾临休斯敦,凭借他疯狂的进攻和可有可无的防守理念,带领这支失去内线核心的球队蜕变成 NBA 的另一支快速战队。球队在休赛期签下莱恩·安德森、内内·希拉里奥和埃里克·戈登,虽然是不错的引援举措,但也都是不足以让球队发生质变的球员。不过,拿起教鞭的德安东尼向联盟宣布的第一个消息就是:联盟第一得分后卫詹姆斯·哈登要去打控卫了。

第十一章／"魔登组合"　　　　　　　　　　　　　HOUSTON ROCKETS

德帅开启跑轰魔方　　　　　　　　　　　　　2016/2017

2016/2017 赛季，休斯敦遭遇更大的变动，过得不开心的霍华德终于决定离开休斯敦。他天性好玩的性格和这座城市一心向前的思路不搭调，这让休斯敦和他的合作从一开始就没法齐心合力。走了"魔兽"，来了德帅。火箭在新赛季将如何改变？2016/2017 赛季在球迷们疑惑和等待的目光中终于开启了。

德安东尼在休斯敦火箭变起了"魔术"。他将休斯敦的战术系统化，将波波维奇、阿德尔曼的一些进攻战术，融合到自己之前最擅长的炮轰之中，并在火箭付诸了实践。

于是乎每场比赛休斯敦在疯狂跑动中，开始穿插牛角位高位掩护、弱侧无球切入、锋卫掩护内线球员之后的各种空切投篮。2016/2017 赛季过半，休斯敦火箭在德帅的带领下开始进退有据、章法天成。

但是，老师偷师也只是学个似模似样，面对真正的战术大师，譬如马刺的波波维奇、勇士的科尔又或者爵士的斯奈德，休斯敦那些虚晃的招数瞬间宣告无效，最终还是只能依靠保命绝招——哈登挡拆后的三重威胁，突破、投篮又或者找到空位队友完成助攻。

骨子里的东西改不掉，这从德安东尼对球员的任用上也可窥见一斑。之前赛季大发神威的科里·布鲁尔因为投篮不行，很快就遭到弃用。待到交易截止日前，球队已经干净利落地将其送走，换来了路易斯·威廉姆斯。德安东尼的疯狂跑轰战术确实换来了常

规赛的战绩提升，球队稳定地进步着，丝毫没见霍华德的离去带来什么影响。2016/2017 赛季前半个赛季，他们拿下惊人的 31 胜 10 负，稳坐西部第四的宝座。

不过，明眼人都明白，这支火箭队和当年的菲尼克斯如出一辙，甚至在球队阵容深度方面还不如当年的太阳。这样的球队往往能够在常规赛呼风唤雨，但是到了铁块都要化成铁水的季后赛，恐怕还是难以走得更远。

而休斯敦的管理层似乎也对这支火箭并没抱有更多的期许，在交易截止日前，莫雷根本没有再做任何有价值的引援。彼时休斯敦阵容缺陷明显，锋线上可用人

171

手寥寥无几，板凳席上充斥着布朗、威尔杰、欧努阿库等一干连休斯敦球迷都未必叫得出名字的球员。而莫雷对这样的锋线补充就是，三天签下以赛亚·泰勒，十天签下特洛伊·威廉姆斯。他的举动仿佛在告诉休斯敦球迷："我要留钱给赛季结束后的超级巨星们，那时候有'甜瓜'、有保罗，至于这个赛季，走到哪儿就算哪儿吧！"

德安东尼显然也看出了休斯敦管理层的意图，不过老帅可没有放弃赛季的意思，休斯敦在他和哈登的带领下，一往无前地对联盟其他球队进行着三分轰炸，最终在赛季结束时，他们将战绩锁定在55胜27负。2017年季后赛的征程开始了，他们首轮的对手依然是和他们恩怨纠缠的俄克拉荷马雷霆。

系列赛第一场，贝弗利面对威斯布鲁克打出了超级球星的水准，在首节他就大发神威，连续命中三分不说，还对威斯布鲁克进行抢断，随后在攻守转换中完成一记势大力沉的双手暴扣。不过，威斯布鲁克和雷霆也不是吃素的，他们很快组织反击，并逐渐开始掌控赛场局势，半场结束的时候，他们还以59比54领先休斯敦。下半场开始，贝弗利依旧手感火热，他再度连续命中三分，雷霆这边却突然哑火。最终，第三节的手感冰凉，让他们败下阵来，118比87，火箭轻松赢下第一场。

接下来的第二场，雷霆改变防守策略，威斯布鲁克也开始发威。在前三节雷霆一度占据领先优势，但第四节开始之后，随着威斯布鲁克体力下滑，缺兵少将的雷霆竟无人能够及时站出来抵挡火箭凶猛的攻击。最终虽然威斯布鲁克独得40分，但雷霆却以111比115再次输给火箭，休斯敦的球迷笑开了花。

第三场，已经被休斯敦打压了整整两场的雷霆展开了绝地反扑，他们在主场疯狂进攻，接连打出11比2、7比0的攻击波，半场的时候，他们以65比58领先休斯敦。第三节，雷霆再次突然熄火——他们太依赖威斯布鲁克了，甚至比火箭依赖哈登更为甚之。休斯敦抓住机会，打出一波9比0，雷霆终于缓过神来，马上还给休斯敦一波9比0。双方你来我往，一直战到比赛的最后时刻，还剩35秒时，雷霆的亚当斯完成补篮，帮助俄克拉荷马以113比111领先休斯敦。危急关头，哈登强投三分出手，却没用正中靶心。威斯布鲁克则造成火箭犯规，两罚一中，威少帮助雷霆建立3分的领先优势。而之后，哈登连续强投却越投越离谱，最终休斯敦以113比115败下阵来。

接下来的第四场、第五场，休斯敦赢得有惊无险。第四场，他们凭借老将内内的出色发挥以113比109击败雷霆，并在第四节上演了一次不错的逆转表演。第五场，他们

依靠替补阵容的出色发挥，最终以 105 比 99 再次击败对手，最终顺利晋级西区半决赛。

西区半决赛，休斯敦遭遇了真正强劲的对手——圣安东尼奥马刺。如果说雷霆和火箭的建队特点都是围绕一个超级球星打造，配以一群射手、内线蓝领、年轻球员疯狂跑动的话，那波波维奇和他的马刺则是截然不同的存在，他们依靠精密的战术体系充分发挥每个球员的长处，并配合超级球星在关键时刻接管比赛。

这样的对手，很可能在一场比赛里被休斯敦"乱拳打死老师傅"，但在绵延七场的系列赛中，休斯敦的胜算几乎微乎其微，事实上，也确实如此。

在第一场和第四场，休斯敦凭借射手群和哈登的超水平发挥，将波波维奇和马刺的体系彻底搅乱，从而获得了两场胜利。但是在其他的四场比赛中，马刺牢牢控制了比赛的进程和节奏，没有给休斯敦任何机会，他们 4 比 2 大比分获胜，启程前往西区决赛。

而在这个系列赛里，休斯敦锋线的弱点正是他们失败的主因，如果说毫无章法的雷霆可能抓不住休斯敦的痛点，但是老辣的马刺岂能放过。整个系列赛，马刺都在不停地撕开休斯敦脆弱的锋线，并不停地在休斯敦的伤口"撒盐"。在天王山之战，波波维奇面对失去内内的休斯敦小个阵容，更是步步设局，拖慢休斯敦的进攻速度，并将火箭阵容深度匮乏的特点牢牢抓住，利用充分轮换休息，消耗休城体力，最终让火箭错失无数次胜利的机会，深陷波波维奇制订的圈套，惨遭淘汰。

第十二章
"灯泡"亮了

箭气长红／休斯敦火箭传

 箭气长红

迎保罗 "灯泡" 终闪亮

2017/2018

2017/2018 赛季开始前休斯敦火箭总经理莫雷再度出手，他送出帕特里克·贝弗利、萨姆·德克尔、路易斯·威廉姆斯、蒙特雷斯·哈雷尔、凯尔·维尔彻、德安德鲁·利金斯、达伦·希拉尔德和一个未来首轮选秀权以及部分现金，从快船迎来了克里斯·保罗。

几乎兑掉半支球队以及未来的天赋球员，来换"宇宙第一控卫"克里斯·保罗，值！

一时之间，休斯敦再度沸腾起来，球迷们纷纷奔走相告，虽然在"巨头"抱团的当下，保罗联手哈登的外线组合还显得势单力薄，但是只要围绕这个组合作为基础，球队还能创造更多的可能性，问鼎总冠军，这个奢侈的愿望似乎变得触手可及。

2016/2017 赛季，火箭场均投出 40.3 记三分，命中 14.4 记，均位列联盟第一。

无解的三分狂飙，让火箭在竞争酷烈的西部赛区傲然跻身第三位。2017 年休赛期，他们以七位悍将换来保罗，这是一次豪赌，作为联盟顶级球队，火箭是横在勇士面前最大的障碍之一。就连库里也曾亲口透露，火箭的"灯泡组合"是让他最在意的对手，他需要了解后者，因为他们将是勇士新赛季的劲敌。

人们期盼着休斯敦在 2017/2018 赛季能够一飞冲天，但任谁也没想到，休斯敦竟然飞得那般高。在开赛的首月，他们就打出了 14 胜 3 负位列西部第一的战绩。客场惊人的 9 胜 1 负，让世人对这支休斯敦火箭队刮目相看，毕竟，克里斯·保罗还没有伤愈归来，这支球队基本上是凭借之前赛季的底子打下的这般基业。

他们的进攻依旧如水银泻地，无孔不入。百回合，他们能够拿下 111.3 分。而防守端，他们顺利减少了失分，将自己三个赛季烂得一塌糊涂的防守，进行了显著的改善和提升。休斯敦开始重视禁区的堵截以及篮板的保护，他们成功地控制了内线的失分，但同时，也付出了一部分外线防守精力作为代价。

他们的提升，也源自莫雷在休赛期另外两笔引援，莫雷在锋线上填补了两位能够担任首发的"3D"球员 P.J. 塔克和卢克·理查德·巴莫特，这样休斯敦整个阵容更加均衡，也不再有显著的弱点。新来的两名锋线小伙子，很快就融入了球队，并和阿里扎形成互补，实现了无死角的中距离巡航和换防。

而接下来的比赛，保罗的归来，让这支球队再上了一个层次，他们变得更加强硬、

更加铁血、更加配合无间。一时之间,休斯敦已经成了金州勇士人最大的心腹之患,斯蒂夫·科尔终于在自己的小本本上记下了"休斯敦火箭"这五个字。

2017年12月17日,火箭主场115比111战胜雄鹿取得13连胜。保罗是1970/1971赛季以来,第一位在新东家取得13连胜的球员,他也成功超越了"大虫"罗德曼的13连胜,成为NBA历史第一人。2017年12月20日,火箭主场120比99战胜爵士,保罗砍下18分、10个篮板、10次助攻的"三双"数据。火箭也依靠"灯泡组合"双核的超级驱动,打出一波14连胜,紧紧追赶并超越了联盟第一的金州勇士。

保罗终于找到自己梦想的孵化地——休斯敦火箭。此前单核作战的火箭已经取得了西部第三的佳绩,但已经透支了哈登。保罗的到来解了燃眉之急。

于是乎,金风玉露一相逢,便胜却人间无数。

对于火箭而言,保罗的作用不言而喻,他是联盟历史助攻榜前十名中唯一的现役球员。在保罗的带动下,火箭仿佛加上了"二级引擎",他们每百回合得分增加15.1分,三分命中率也由34%骤增到41%。原本如狼似虎的火箭有了更加合理的出手机会,摇身一变成为"精确制导武器"。与此同时,新赛季进攻效率高居联盟第二的他们,同样没有放下防守。九次入选最佳防守阵容的保罗,给火箭带来了联盟第五的防守效率值,全方位地升级了球队。

更为难能可贵的是,保罗并没有"喧宾夺主"地霸占球权。凭借超一流的球商,他与哈登完美对接,打造了令联盟生畏的"宝莲灯组合"。

休斯敦火箭传

在保罗的辅佐下,2017/2018赛季的哈登再度突破了新的境界。"宝莲灯组合"不仅仅是两位巨星的"1+1=2",而且是球队组织的"核聚变"。和此前担忧的不同,哈登与保罗完全没有因球权的分配引发冲突,反而是成熟的球商让两人配合得相得益彰。两个组织点的存在,给火箭以更多出手机会,这对德安东尼的跑轰体系至关重要。

随着保罗加盟,哈登的火力在一定程度上得到释放。

场均31.5分、5.2个篮板、9.1次助攻,哈登凭借毫无争议的表现荣膺西部月最佳球员。哈登联袂保罗究竟有多大威力?也许正如波波维奇所说:"哈登和保罗是全联盟最好的两个球员,你找不到比保罗更好的领袖,并且全联盟也没人能防住哈登。"

这波连胜期间,哈登和保罗的构架基本打磨成型,德安东尼一般在第一节和最后一节都会安排两个人联袂出战。其余的时间则由二人分别带队,这样的安排让休斯敦的炮轰体系拥有了持续全场的发动机。而两人杰出的大局观和控盘能力,也让这支球队无论比赛的任何时间都能防守稳健,进攻则行云流水、火力持续旺盛。

第十二章／"灯泡"亮了

但这时的休斯敦也并非是完全没有问题的,他们在短暂登上联盟第一的宝座之后,遭遇了一波五连败,哈登的伤病让他们迅速沉沦,也将球队的一些问题再度暴露出来。这支球队是他和保罗的球队,缺少任何一人都可能会被强大的对手击败。还有就是他们的轮换储备不充足,打法过于单一,简而言之,他们的战绩虽然和勇士相仿,但还缺少足够的底蕴去攫取更多的胜利。

不过,哈登的快速归来,让球队又迅速回到赛季初狂奔的轨道之上了,从一月末开始,他们再度打出一波震惊世人的 17 连胜,这波 17 连胜,是他们第二次打出 14+ 的连胜,而整个 2017/2018 赛季,联盟一共只出现七次 10+ 连胜,除了火箭,还没有任何一支球队两次取得 10+ 连胜。

火箭在 17 连胜期间,有 9 场比赛击败了排名东西部前八的球队,包括 102 比 91 击败马刺,120 比 88 大胜骑士,109 比 101 击败热火,分别以 126 比 108、120 比 102 两次击败森林狼,105 比 92 击败快船,123 比 120 击败凯尔特人,122 比 112 击败雷霆,110 比 99 击败雄鹿,更有 12 场比赛击败了胜率超过 50% 的球队(以上比赛外加两次击败掘金和一次击败爵士)。

17 连胜期间,他们场均净胜分达到 12.4 分,有 11 场比赛赢分在 10 分以上,4 场比赛赢分在 18 分以上,期间他们的净胜分排名联盟第一位。可见,火箭的 17 连胜不是普通意义上的打怪练级,而是屡克劲敌,在整个连胜期间表现稳定,整个连胜的成色非常高。因为这波连胜,火箭被 ESPN 等专业媒体公认为是能够挑战勇士霸权的球队,是本赛季总冠军的有力争夺者,同时火箭核心詹姆斯·哈登几乎锁定 2017/2018 赛季的常规赛 MVP。

随着 17 连胜征程的结束,2017/2018 赛季常规赛已经接近了尾声,休斯敦此时的战绩已经来到了 56 胜 14 负,火箭已稳稳地坐上了整个联盟的头把交椅。

似乎,NBA 总冠军就在眼前。

但如果深刻剖析这支火箭队,或者一切并没有那么美好,摊开火箭在联盟横冲直撞的武器库,进攻端看似天雷滚滚、万箭齐发——从挡拆发起的突投结合,推速度重转换,三分空位扔,错位扔,横移、后撤步扔,实在不行顶着防守人也要扔。和上赛季一样,把云雾拨开了,进攻的根本依然是双核的三种威胁——哈登的突、投、传,保罗的串联和戈登的投篮。至于其他的嘛,无球掩护是偶尔的、空切是不太懂的、低位背打是不存在的、手递手等复杂套路是没有的。

防守端,在强侧,他们以遇掩护就无限换防为基础,外加低位底线弱侧协防,结合少量的两翼包夹持球人;在弱侧无球端以绕防为主,偶尔添加一些无球换防和大个儿掩阻。至于似乎永远治不好的攻防转换防守,一方面是专注度和退防落位意识的问题,另一方面则是阵容之殇——锋线能力上的缺失。

归纳来说,双核驱动、无限换防,外加德安东尼的短轮换,让火箭看起来上天遁地。如果他们能够战胜勇士,他们有很大概率最终捧得总冠军。不管怎样,休斯敦传承了几十年的历史中,他们只获得了两座冠军奖杯,这一次,他们能够如愿捧起第三座吗?所有人都拭目以待。

火箭的双核,独一无二,很少有一支球队能有两个组织核心并有两个关键时刻的巨星攻击手。如果拥有这样的双核,球队的进攻将从头到尾行云流水,团队协作能力、战术执行力都将得到质的飞跃,这样神奇的"双核聚变",在火箭发生了。

有了保罗并肩作战,哈登也百尺竿头更进一步,他场均砍下30.7分、5.4个篮板以及8.7次助攻,其中得分、罚球总数、场均罚球数以及总三分命中数均高居联盟榜首,甚至打出60+的"三双"历史级别发挥。保罗场均能拿下18分、8次助攻、1.7次抢断,他在攻防两端的智慧弥足珍贵,并且多次在关键时刻一锤定音。

保罗和哈登带领火箭以傲人的战绩领跑联盟,力压勇士提前7轮夺下西部榜首,他们做到了奥拉朱旺时代都未能做到的事情。同时,他们还让身边的队友变得更好,卡佩拉本赛季打出了"15+11"的千万身价表现,杰拉德·格林成了西部最冷血的关键杀手,埃里克·戈登几乎重返巅峰。这就是保罗联手哈登之后的神奇,这不是"化学反应",而是一发不可收拾的"核聚变",他们点燃了休斯敦火箭的引擎,火箭即将冲霄而起。

哈登本人也是这次"核聚变"的受益者,2017/2018赛季他成了最火热的MVP候选人,就连最大的对手之一、勇士队当家球星斯蒂芬·库里都说:"哈登是本赛季当之无愧的MVP,他打出了一个不可思议的赛季,把火箭带到了另一个高度。"

2017/2018季后赛到来的时刻,所有人都感受到火箭"核聚变"的炙热温度和强劲持久力。

第十二章 /"灯泡"亮了　　　　　　　　　　　HOUSTON ROCKETS

伤保罗火箭止步西决

2017/2018

　　2017/2018赛季火箭取得65胜17负的骄人战绩，胜率达80%，锁定常规赛第一。"灯泡"这两个恐怖的控场大师迅速完成了"1+1＞2"的完美兼容。双核的控场能力、比赛细节处理能力，再加上戈登、卡佩拉、阿里扎……休斯敦火箭已经成为联盟最令人闻风丧胆的"血色军团"。球队领袖詹姆斯·哈登也凭借自己场均31.7分冠绝联盟的得分火力，成功锁定当季的常规赛MVP（季后赛结束公布）。

　　回看这个赛季，休斯敦的成功，除了"灯泡组合"的核心驱动，一干角色球员也发挥出色，卡佩拉在内线翻江倒海，阿里扎、巴莫特、格林、塔克、戈登等外线火力也尽情开火。双核轮流发炮，角色球员也能轮流爆发得分，让休斯敦三分暴雨倾盆，场均得分113.5分，位列联盟第二，成为联盟人见人惧的远程火力大队。

　　裹挟着这样无可匹敌的声威，休斯敦人的季后赛之旅前所未有地轻松，他们首轮面对唐斯和威金斯领衔的森林狼，轻松拿下前两场主场的胜利。第三场，虽然在森林狼年

轻的天赋球员的反扑之下丢掉一城,但很快他们就恢复对比赛的掌控力,连下两城,送年轻的森林狼回家钓鱼。在这个系列赛里,卡佩拉表现惊人,内线几乎完全压制唐斯,系列赛场均拿下 13.2 分、14 个篮板、2.2 次封盖,俨然全明星级别的防守中锋。

2018 年 4 月 24 日季后赛西部首轮第四场,火箭客场以 119 比 100 战胜森林狼。火箭第三节得到 50 分,刷新了队史单节得分纪录,50 分位列 NBA 历史单节得分榜的第二位,仅次于 1962 年的湖人(单节 51 分)。

跨过完全不是对手的明尼苏达,休斯敦迎来"宿敌"——犹他爵士。两队上一次在季后赛上演恩怨情仇,还要追溯到十年前的"姚麦"时期。此次季后赛再度交手,球衣依旧,故人却已不再,难免让人扼腕唏嘘。

爵士和森林狼的近况相似,球队都在重建中,不同的是森林狼虽然天赋满满,却还没有形成即战力。而犹他爵士已经成长为一支能够将"雷霆三巨头"打翻在地的"青年近卫军"。

休斯敦首战轻松取胜,却在第二场遭到了"青年军"的凶狠反击,被对手反下一城,大比分逼成 1 比 1。接下来两场,在哈登和保罗的带领下,火箭没给"青年军"任何机会,轻松在盐湖城魔鬼般的主场连下两城,带着 3 比 1 的优势,重新回到休斯敦主场。

第五场,上半场刚开始没多久,火箭就轻松取得领先。但盐湖城最佳新秀多诺万·米切尔在第三节几乎以一己之力力挽狂澜,带领犹他再度占据上风。危急关头,保罗挺身而出,接管整个比赛,末节个人狂砍 20 分,在关键时刻更是命中超乎所有人想象的打板三分球,彻底击碎犹他年轻人们反扑的狂想。

"西决的地板"对于保罗一直是个"梗"。作为联盟中没打过分区决赛但参加季后赛场次最多的球员,在哈登因感冒状态不佳的情况下,保罗独揽 41 分、7 个篮板、10 次助攻,关键时刻连续命中三分,用最强势的方式亲自将自己送入西决。

站在西部决赛的舞台之上,保罗终于完成了一摸"西决地板"的夙愿。

但休斯敦火箭的西决对手是联盟首屈一指、坐拥"四大天王"的金州勇士。

西部决赛第一场,詹姆斯·哈登带领球队率先发难,他凭借火热的手感,里突外投连续砍下 9 分,帮助休斯敦以 9 比 2 领先对手,给傲气逼人的金州人来了一记下马威。但金州人又怎么会就此认输,汤普森和库里很快就予以回击,他们连续命中三分帮助金州紧咬比分。

紧接着杜兰特拍马杀出,他与哈登上演"雷霆兄弟"的对飙大战。首节战罢,休斯

敦暂时以30比29领先勇士。次节归来，保罗挺身而出，连续命中两记三分。但那边的库里不甘示弱，也带领球队打出一波8比1还以颜色。哈登再还击一波7比2，双方比分犬牙交错，互不相让。半场结束，两队以56比56战平。

下半场，易地再战，休斯敦似乎久战兵疲，进攻效率开始下降。但勇士那边，杜兰特依旧神勇无敌，连续拿下9分，带领勇士一度建立13分的领先优势。危急关头，休斯敦的角色球员开始发威，戈登和杰拉德·格林的三分及时帮助球队止血。第三节结束时，火箭以80比87落后勇士。

最后一节，戈登挺身而出，连得5分，但勇士的汤普森却连得8分，加上杜兰特再命中三分，勇士最终建立两位数的优势。而之后，火箭虽然几番努力想要追回比分，却屡屡被勇士干扰夭折。最终，火箭以106比119落败，金州人先拔头筹。

首战比分的犬牙交错，似乎给系列赛奠定了基调。在接下来的系列赛中，两队也如同首战的进程，大比分交替领先。第二场，休斯敦凭借角色球员的集体爆发，扳回一城。第三场，休斯敦遭遇血洗。不过第四场，他们"得州蟑螂"的精神爆发，再度扳回一城。

第五场,回到主场的休斯敦人更是三军用命,拼尽最后一发子弹,拿下系列赛的赛点,但一个要命的消息传来:他们的核心,克里斯·保罗受伤了!

在保罗受伤倒下之前,火箭的确无限接近将勇士淘汰,他们手握3比2的领先,第六场和第七场的上半场都占据上风,他们曾有大把的机会去掀翻坊间认为不可战胜的"宇宙勇",但现实之残酷,远超火箭球迷的想象。失败已不可改写,失败带来的巨大虚无感令球迷们愈发怀念那个前五场斗志昂扬的保罗。

当然,岂止是西决的前五场,季后赛前两轮的"CP3",完全将毕生的荣辱感一肩挑起,那是一种大厦将倾,毕其功于一役的斗志。

如果赛季到此戛然而止,保罗的这个赛季将写满光荣与梦想,但遗憾接踵而至。他和球队距离总决赛只有一胜之遥,但天堂与地狱之间的鸿沟,有时就在一线间。

火力凶猛的哈登虽然频频在某场比赛或者某个时段爆炸性地"演出",但他还不能独力支撑起一轮七场四胜的系列赛。第七场生死战,虽然顽强的火箭以54比43领先结束上半场,但六人轮换过早地透支了球员体力,休斯敦主力球员已经略显疲态。第三节,疯狂的杜兰特和金州勇士,让伤疲交煎的休斯敦彻底没了反击之力,三节结束,勇士以76比69反超比分,单节以33比15彻底碾压火箭。第四节,休斯敦连续三分不中,彻底将胜利拱手相让,勇士4比3淘汰火箭挺进总决赛。之后他们更是以4比0横扫骑士,夺得2018年总冠军。

而休斯敦火箭2018年童话般的季后赛旅程到此戛然而止……

第十二章／"灯泡"亮了　　　　　　　　　　　　　　　HOUSTON ROCKETS

"安灯泡"只是昙花一现

2017/2018

2018年6月26日，詹姆斯·哈登力压群雄，荣膺2017/2018赛季常规赛MVP，可谓实至名归。2017/2018赛季哈登场均砍下30.4分，荣膺联盟得分王，并累计命中265个三分，力压库里、克莱·汤普森，晋升为联盟三分王。此外他还豪取60分、11个篮板、10次助攻的超级"三双"，并率领火箭打出65胜的队史最佳战绩，其胜率也傲居该赛季的联盟之首。

回看休斯敦的2017/2018赛季，可以说是"成也萧何、败也萧何"。常规赛，他们的65胜依靠的是团体作战的三分雨与防守反击，但在西决生死战，他们最终也因为三分球连续27投不中，将胜利拱手让人。对三分球的痴迷，成就了他们在这个赛季的异军突起，却最终扼住了他们的命运咽喉。火箭队的进攻体系太过简单直接，他们依靠的就是"哈登＋保罗"这两位超级后卫的单打来启动整个体系进攻，外围的射手群则以靠两位超级后卫的"三威胁"和牵制力，伺机寻找空位，等待两位超级后卫的"神助攻"，然后手起刀落扔出皮球。这就是球队总经理莫雷这几年一直贯彻的"三分＋篮下"的魔球理论。

这个体系最核心的弊端就是，一旦球队三分哑火，手感冰凉，无其他套路可循。

2018年的休赛期，休斯敦火箭开始频繁运作：在选秀大会上，他们用46顺位选秀权选中南加州大学的德安东尼·梅尔顿，用52顺位选中文森特·爱德华兹，这两名球员看起来并不像能够成为超级球星的样子，毕竟顺位在那里，吉诺比利历史上也就那么一个。

此外，休斯敦火箭和克里斯·保罗重新签订了一份为期四年、价值1.6亿美元的合同，32岁的"高龄"和"容易受伤"的身体，让这笔交易看起来有些昂贵，但拥有保罗的休斯敦火箭就具备了争冠的实力，保罗能带给休城的可不仅仅是账面那些数据，更重要的是，拥有保罗的休斯敦就有了吸引其他巨星加盟的可能，比如卡梅隆·安东尼。

2018年8月13日，火箭队正式与卡梅隆·安东尼签订了一份为期一年、价值240万美元的合同。安东尼在2017/2018赛季效力于雷霆，他和保罗·乔治、威斯布鲁克联手的赛季里过得并不快乐，首轮他们就被犹他爵士淘汰，而安东尼整个赛季也仅仅贡献16.2分、5.8个篮板和1.3次助攻，这几乎是他职业生涯最差的赛季。

虽然安东尼在雷霆的表现不尽如人意，但任谁也知道原因，和威斯布鲁克那种风格

 箭气长红　　　　　　　　　　　　　　　　　　　　　　休斯敦火箭传

能够兼容的球星，绝不是安东尼这种持球进攻型的。火箭将安东尼招入帐下，也正是考虑到这点。哈登和保罗都是非常愿意分享球权的，这让安东尼可能得到整个职业生涯最多的接球投篮机会和空位三分机会，并有机会获得更多的单打权限。

不管怎样，休斯敦的"三巨头"，给了所有人无限的遐想空间。

除此之外，休斯敦还为克林特·卡佩位奉上了为期 5 年、价值 9000 万美元的合约，毕竟卡佩拉在为火箭出战的 74 场比赛中，场均 13.9 分、10.8 个篮板、1.9 个盖帽的数据已然让他成为球队核心中锋，在季后赛中的强悍表现，更让他成为球队获胜的基石。火箭还将迈克尔·卡特－威廉姆斯以及詹姆斯·恩尼斯招入帐下，他们想要在哈登和保罗巅峰时期，以及安东尼还尚有余勇之时，放手一搏，拼下火箭历史上第三座总冠军奖杯。

然而，理想很丰满，现实很骨感。2018/2019 赛季开始之后，休斯敦火箭的状态一直起伏不定，战绩很不理想，一度排名西部前十之外，主帅德安东尼下课之声一时间甚嚣尘上。

球队战绩低迷，总得有替罪羊，安东尼不幸成为火箭的低迷之因。

卡梅隆·安东尼在火箭的比赛，几乎是雷霆时期的重演，他始终无法融入火箭体系，他在场的时候，似乎整个球队都被拖累了。他不能"打无球"，哈登和保罗却更需要球权，而且明显现阶段比他更合适支配球权。然而，他的无球能力如此糟糕，甚至不如火箭其他角色球员。

10 场相爱相杀之后，休斯敦和他选择了分手，令人期盼已久的"安灯泡"似乎还没有完全点亮，便永久熄灭了。

2018/2019 赛季安东尼在火箭场均得到 13.4 分，投篮命中率为 40.5%、三分命中率为 32.8%，似乎还可以，但"甜瓜"那略显低效的得分方式以及防守短板，在如今疾速的攻防体系下被无限放大，成为火箭无法弥补的缺憾……

火箭打的是无限换防，已经 34 岁"高龄"的安东尼已经跟不上对手的脚步。诚然，他的进攻还可以秒杀对手，尤其是一对一时，但节奏拖沓、一招一式的古典技巧似乎已经不再适合这个 NBA 江湖，现在流行的是电光石火间的羽箭长弓……

单锋哈登开启杀神模式

2017/2018

2018/2019 赛季火箭战绩不佳，但哈登的表现可圈可点。

2018 年 10 月 21 日在洛杉矶斯台普斯中心球馆，对阵湖人，哈登砍下 36 分、7 个篮板、5 次助攻，关键时刻连拿 5 分，带领火箭以 124 比 115 战胜湖人，搅了詹姆斯主场的首秀宴。然而此战最大的焦点，还是一场保罗与朗多的互殴战。

比赛末节 4 分 13 秒，哈登上篮造成英格拉姆犯规，后者怒推前者引发双方小规模骚动。混乱之中，保罗与拉简·朗多纠缠到一起，保罗做出擦脸动作后用手指戳向朗多脸部，朗多挥拳还击，随后二人互殴。撕扯过程中，英格拉姆后排插上突施冷拳暴揍保罗，随后在裁判员与双方队员的调停下，斗殴事件才平息。保罗、朗多、英格拉姆相继被驱逐出场。

事发缘由是因为朗多向保罗吐口水，最终英格拉姆禁赛 4 场，朗多禁赛 3 场，保罗禁赛 2 场。保罗和朗多都可以算是如今联盟中最睿智的控卫，指挥若定、算无遗策，而他们都在联盟中征战了十年以上，见惯风雨、宠辱不惊。然而联盟中最会控制的两位控

卫都同时失控，一方面因为彼此长达十年的宿怨，另一方面是因为西部竞争的惨烈。

随着2018/2019赛季的深入，哈登会率领火箭找回状态。作为当今NBA联盟中三大自带进攻体系的球员之一，他的进攻能力是毋庸置疑的。

如今的哈登，金蛇狂舞、剑走疾锋，他那后撤步三分更是无解杀招，如果他想得分，估计无人能挡。2018/2019赛季火箭如坐过山车，一波连胜、一波连败，交替往复、起伏不定，保罗的伤退、安东尼的辞退，让"安灯泡"成为幻影，而哈登必须独掌火箭的舵盘，使其不要偏离既定的轨道。

单核作战的哈登开启了全能得分王模式，打出一系列令人眩目的神迹。

2018年11月22日，火箭主场126比124战胜活塞，哈登砍下43分，火箭生涯总得分来到13391分，超越汤姆贾诺维奇（13383分）升至队史第三，前两名分别是墨菲（17949分）和奥拉朱旺（26511分）。

2018年11月25日，火箭客场108比117不敌骑士，哈登砍下40分、13次助攻，第18次砍下至少"40+10"，为近30年来得到"40+10"场次最多次数的球员。2018年11月27日，火箭客场加时131比135不敌奇才，哈登砍下54分、8个篮板、13次助攻，刷新赛季个人单场得分纪录的同时，职业生涯第五次拿到至少50分外加10次助攻，历史上无人能及。

看似开挂的11月份，只不过是哈登波澜壮阔的得分史诗之旅的一个开启。

哈登在2018年12月状态火爆，连续10场共砍下388分，这是自科比2007年10场比赛轰下396分以来的最高分，在NBA中已经很久没有见到如此劲爆的得分表演了。

2018年12月14日，火箭主场126比111战胜湖人，哈登豪取50分、10个篮板、11次助攻，这是他第四次砍下50+"三双"，成为历史第一。2018年12月28日，火箭主场127比113战胜凯尔特人，哈登砍下45分，职业生涯第57次砍下40+，超越杜兰特，成为詹姆斯之后现役40+场次第二多的球员。此外，哈登三分球18投9中，创个人新高。

在哈登的强势率领下，火箭打出疯狂表现。2018年12月20日，火箭主场136比118战胜奇才，全队投进26记三分，创NBA历史单场三分命中数纪录。休斯敦火箭在哈登的带领下一路逆袭，从西部十名开外的窘境杀入前六，牢牢锁定季后赛的一席之地。

2019年1月12日，火箭主场以141比113击败骑士，哈登仅仅打了三节，就得到43分、10个篮板、12次助攻，这也是哈登职业生涯常规赛第41次获得"三双"，并就刷新了多项纪录。

首先,哈登职业生涯总得分超越克里斯·保罗,升至历史第94位。此外,哈登的三分命中数连续超越科比(1827个)、比卢普斯(1830个),名列历史三分命中数榜的第13位。哈登还连续12场投中5个以上三分,刷新他保持的历史纪录。

此外哈登40+"三双"场次达到了12场,超越威斯布鲁克的11场,名列现役球员榜首,历史上仅次于"大O"罗伯特森的22场。更为恐怖的是,自2018年12月14日起,保罗因伤缺阵,独自带队的哈登开启了一场异乎寻常的得分之旅。两个月中,他连续得分30+的场次超过30场,场均砍下36.5分,超越了赛季场均35分的科比,直逼乔丹巅峰赛季(场均37分)!在拥有如此疯狂火力的哈登领衔下,火箭呈现出汹涌澎湃、鬼神莫测的进攻张力。保罗伤愈归来,他们联袂组成"灯泡组合"产生出神奇的"双核聚变",让火箭从此掀起小球旋风。而作为"MVP+得分王"先生,哈登那超凡入圣的得分爆炸力与持续性在如今的小球时代得以极致体现。

从1967年的圣迭戈到如今的休斯敦,经历超半个世纪的光阴流转,见证那汹涌奔腾的红色赤流,奥拉朱旺用梦幻脚步引领我们来到火箭的视界,那两座总冠军奖杯如灯塔高照休斯敦人勇往直前……汤帅曾经那句"永远不要低估一颗总冠军的心",鼓舞了一代代人。姚明、麦迪的渐次到来,勾勒出我们篮球记忆中斑斓绚丽的青春画卷。"姚麦组合",一个灵动飘逸,一个纯厚凝重,连庄得分王与状元中锋联袂写就了那个时代无尽的美好与遗憾。

不知不觉中,我们的喜怒悲欢开始与这支球队息息相关,起起伏伏牵挂在心。这支球队经历了太多的变迁过往,也给了我们太多的惊喜,让我们见证那汹涌奔流的红色过往,致敬那激情澎湃的青春岁月。

箭气长红
Houston Rockets
休斯敦火箭将星录

小个子球星鼻祖／卡尔文·墨菲 　　　　　　　　　　　Calvin Murphy

  1948年5月9日，卡尔文·墨菲出生在康涅狄格州的诺沃克。小时候的墨菲就对篮球产生了极大的兴趣，他进入大学之前，虽然身高只有1.78米，但是已经在当地威名赫赫。在经过思索之后，墨菲选择了尼亚加拉大学，在那里他开始了波澜壮阔的大学生涯。值得一提的是，墨菲的大学生涯或者比他的NBA生涯更加辉煌。他在大学的3个赛季里场均砍下33.1分，其中13场比赛拿下40+，6场比赛拿下50+。

  墨菲本以为凭借大学时期傲人的成绩，能博得NBA的青睐，然而现实却给了他一记闷棍——1970年的选秀大会上，他竟然在第二轮才被圣迭戈火箭队摘下，这让他直到职业生涯结束都耿耿于怀。毕竟篮球是"巨人的游戏"，身高还不到1.8米的墨菲，尽管在大学呼风唤雨，但在长人如林的NBA能否达到同样高度，人们自然会充满疑虑。

  事实证明，总有些人能够击溃这些疑虑，墨菲正是其中之一。

  新秀赛季，墨菲就大放异彩，在场均不到25分钟的上场时间里，他砍下15.8分，同时还有3个篮板、4次助攻。人们惊讶地发现，这个小个子除了拥有小个子球员独有的速度，更是控球技术娴熟、跳投精准、轮转与移动都超人一等。更可怕的是，这小子似乎精力旺盛，永远保持着昂扬的斗志，在关键时刻更是拥有一颗大心脏。

  墨菲的急停跳投是他的招牌杀招，在高速移动中的急停、急起，加上逼真的假动作，让防守队员头疼不已，而墨菲也凭借这个杀招，很快成为火箭队委以重任的得分手。

  接下来的3个赛季，虽然墨菲和埃尔文·海耶斯一度联手带领球队取得了不错的战绩，但很快，海耶斯因为和球队之间的间隙远走巴尔的摩。而独自带队的墨菲也没办法把球队带出泥沼，球队依然徘徊在季后赛的大门之外。

  不过事情在1974/1975赛季时开始有了转机，球队先后将鲁迪·汤姆贾诺维奇和迈克·纽林招入麾下，他们和墨菲一起构建了火箭队史第一个"三驾马车"组合，在联盟掀起一股快打旋风。凭借强劲的进攻火力，三人带领火箭队取下41胜41负的不错战绩，并一鼓作气杀入季后赛，开始了球队搬迁到休斯敦以来第一次季后赛之旅。

  1975年季后赛，他们首轮依旧锐不可当，轻取尼克斯。但在半决赛中，他们遭遇老辣的波士顿"绿衫军"，4比1被对手淘汰。之后，球队陷入短暂的低谷，1975/1976赛季，他们再度倒在了季后赛的大门之外，但墨菲的表现却依旧高昂，他场均21.0分、7.3次助攻，俨然成为联盟顶尖的后卫球员。

  1976/1977赛季，休斯敦迎来了他们的"救世主"摩西·马龙，自此球队开始了崛起的征程。

- 卡尔文·墨菲（Calvin Murphy）
- 出生日期：1948年5月9日
- 身高：1.75米 ●体重：75公斤
- 生涯场均数据：17.9分 2.1个篮板 4.4次助攻
- 球衣号码：23
- 效力火箭时间：1970-1983年
- 主要荣誉：奈·史密斯名人堂、1届全明星

墨菲场均18分与马龙并肩作战，一内一外撑起了休斯敦的脊梁。他们整个赛季取下49胜33负的绝佳战绩，稳坐中央区头把交椅。但季后赛，缺乏经验的他们却没有走得更远，很快结束了这个赛季。

1977/1978赛季，墨菲打出了他职业生涯最好的一个赛季，场均拿下25.6分。然而球队却遭遇NBA历史上最著名的"血腥事件"，核心球员汤姆贾诺维奇被湖人队的科米特·华盛顿重拳击倒，告别赛场。缺兵少将的休斯敦最终只得到28胜，墨菲的精彩演出成了孤单没有舞伴的独舞。

1978/1979赛季，得分有所下滑的墨菲却意外地入选了他职业生涯唯一一次全明星，或许这也是对他独自坚守休斯敦迟到的褒奖。而这个赛季，休斯敦依然没有更大的进步，虽然他们拿下47胜35负，却在季后赛首轮就输给了亚特兰大老鹰，回家钓鱼。

接下来的几个赛季，剧情大同小异，休斯敦成了一支季后赛球队，几乎年年可以杀入季后赛，却最多挺进半决赛便止步不前。耐心尽失的摩西·马龙终于远走他乡，而墨菲也在这几个赛季步入了职业生涯后期，各项数据逐渐下滑。在马龙离开之后，墨菲本打算就此退役，然而球队挽留他再打一年，希望他能帮助球队教导年轻人。于是墨菲在1982/1983赛季又坚持打了一个赛季，场均依旧有12.8分入账。赛季结束后，感觉已经完成使命的墨菲宣布退役，结束了他在NBA虽然算不上波澜壮阔，但却也异常辉煌的职业生涯。

1993年，墨菲正式被选入奈·史密斯篮球名人堂，作为一个矮个子得分手在NBA能打出如此天地实属不易。如今人们提起小个子球员时，更多想到的是阿伦·艾弗森、克里斯·保罗等人，但请不要忘记，在NBA远古时代也有那么一位小个子球员并不输给任何人，他是卡尔文·墨菲，是小个子球员成为明星的鼻祖。

汤帅 / 鲁迪·汤姆贾诺维奇   Rudy Tomjanovich

汤姆贾诺维奇在休斯敦漫长的生涯岁月里，无论是作为球员还是作为主教练都表现得异常出色。球员时代，他五入全明星，在海耶斯离开休斯敦的"空窗期"和一群年轻的战友撑起休城坍塌的天空，重伤归来仍辅佐摩西·马龙一路杀入总决赛；教练时代，他率领火箭独得队史中的两座总冠军奖杯，当之无愧地成为休城历史第一主帅。

汤姆贾诺维奇曾创密歇根大学 NCAA 历史上篮板第一、场均得分第二的佳绩，并创造单场得分和篮板纪录。肩负这样的荣誉，他被彼时还在圣迭戈的火箭队选中。

他加入火箭的时候，这支球队还在埃尔文·海耶斯的统治之下，彼时球队战绩不佳，但主教练约翰·埃根给予了汤姆贾诺维奇等一干年轻人充分的成长空间。汤姆贾诺维奇也没有辜负主教练的栽培，很快从一名年轻小将成长为场均 19.3 分、11.6 个篮板的潜力巨星。

1974/1975 赛季开始之前，海耶斯和火箭不欢而散，汤姆贾诺维奇也顺势上位，以场均 24.5 分、9.0 个篮板的数据成为球队头牌。而球队也在他、墨菲、纽林等年轻人的带领下，显得朝气蓬勃，并以 41 胜 41 负的战绩完成建队以来第二次杀入季后赛的壮举。不过，半决赛面对如日中天的"绿衫王朝"，他们的青涩就显而易见了，球队以 1 比 4 败下阵来。

而之后摩西·马龙驾临休斯敦，他和汤姆贾诺维奇珠联璧合。1976/1977 赛季，马龙和汤姆贾诺维奇两人联手带领球队一路杀入东部决赛，虽然惜败，但未来似乎前途无量。

然而，天意弄人，1977 年 12 月 9 日，火箭对阵湖人的比赛中，一幕 NBA 历史上最著名的惨剧上演……当时湖人的当家球星贾巴尔和火箭内线防守悍将库内特厮打在了一起，这时湖人球员科米特·华盛顿斜刺里杀出，加入了战团。汤姆贾诺维奇也马上跑了过去，他本想要拉开厮打的队友，但华盛顿误以为汤姆贾诺维奇是上来参战的，于是向他挥出了重拳。可怜的汤姆贾诺维奇在毫无防备之下，当场被打翻在地，瞬间血溅如瀑。当昏迷的汤姆贾诺维奇被送到医院时，才检查发现，他的头骨整整错位了一英寸（约 2.5 厘米）。

这场事件让汤姆贾诺维奇在病床上整整休养了五个多月，面部更是经过多次整形复位，才回到赛场上。而因为这次灾难，汤姆贾诺维奇再也难复当年之勇，在 1980/1981 赛季就宣布退役，本是当打之年，却带着遗憾远离了赛场。

退役之后的汤姆贾诺维奇并没有离开他深爱的休斯敦和篮球事业，他开始成为这支球队幕后的一员，甚至成为这支球队的临时主教练。1992 年，经历过"双塔组合"失败的休斯敦，终于将之前深藏幕后的汤姆贾诺维奇推上了前台。

他奠定了以奥拉朱旺作为战术核心及基础的战术体系，所有球员围绕奥拉朱旺去完成进

HOUSTON ROCKETS

- 鲁迪·汤姆贾诺维奇
 （Rudy Tomjanovich）
- 出生日期：1948 年 11 月 24 日
- 身高：2.03 米 ●体重：103 公斤
- 生涯场均数据：17.4 分 8 个篮板 2 次助攻
- 球衣号码：45
- 效力火箭时间：1970—1981 年
- 主要荣誉：2 届总冠军（主教练） 5 届全明星

攻和防守。球员们加强无球走位和战术空切，不断拉开篮下空间给奥拉朱旺，而奥拉朱旺也不断通过"三威胁"为其他队友制造空位投篮机会。1992/1993 赛季，汤帅的战术体系初见成效，球队一扫之前几个赛季的颓废姿态，打出 55 胜 27 负的绝佳战绩。

1993/1994 赛季，迈克尔·乔丹宣布退役。汤姆贾诺维奇没有错过这个绝佳的机会，在他的运筹帷幄之下，休斯敦人露出执掌江山的王霸之气。他们在 1994 年季后赛过五关斩六将一路杀入总决赛，和尤因带领的尼克斯展开了七场火星撞地球一般的厮杀，并终于笑到了最后，火箭首次夺得总冠军。

接下来的 1994/1995 赛季，他们更是在外界一致不看好的情况下，跌跌撞撞杀入季后赛，然后突然摇身一变，仿佛之前人挡杀人、佛挡杀佛的休斯敦附体，轻松以 4 比 1 干掉爵士队。然后，在被菲尼克斯 3 比 1 逼入绝境后，连扳 3 场，杀入西部决赛。最后以 4 比 2 迈过马刺队，再度登上 NBA 最高的舞台——总决赛。

面对魔术队，他们愈发老辣轻松，以 4 比 0 横扫对手，再度捧起奥布莱恩杯！

而汤帅对这支球队的贡献和付出，更是有目共睹。他的执教能力，也让他成为 NBA 历史上少有的名帅。接下来的几年，休斯敦开始了新老交替，作为主教练，汤姆贾诺维奇对球队的把控能力此刻愈发显现出来，从奥拉朱旺到弗朗西斯再到姚明，汤姆贾诺维奇让休斯敦在权力交接的时期也能平稳度过。

而在此期间，他更是在 2000 年带领美国队在悉尼奥运会上夺得冠军，执教能力毋庸置疑。和其他教练相比，汤姆贾诺维奇更注重给予球员足够的成长空间和赛场空间，并能够发现球员的优点，同时调动球队的整体士气。当然，汤帅最擅长的还是对中锋的培养，这也是奥拉朱旺最终成长为"大梦"，姚明能够成为与奥尼尔争一时瑜亮的核心原因。

2003 年，汤帅因罹患膀胱癌，不得不离开教练的岗位。这也让刚刚适应 NBA 的姚明无比遗憾，要知道也许汤帅一直执教的话，姚明没准能够成为下一个"大梦"，师徒两人联手也可能帮助休斯敦实现第二次两连冠的夙愿。

但这只是也许，虽然没有成真，不过汤帅的职业生涯没有任何遗憾，无论作为球员还是作为教练，他都是休斯敦夜空最亮的星。

 箭气长红　　　　　　　　　　休 斯 敦 火 箭 将 星 录

大E / 埃尔文·海耶斯

Elvin Hayes

　　1968/1969赛季，埃尔文·海耶斯被彼时还在圣迭戈的火箭队以状元身份选中，从此开始了他波澜壮阔的职业生涯。他的高中篮球生涯乏善可陈，但是他却在大学时期一战成名。那是他效力于休斯敦大学时的一场比赛，对手正是加州大学洛杉矶分校的头牌、日后赫赫有名的"天勾"贾巴尔。全场比赛双方打得无比胶着，在最后还有28秒时，双方还战成69平，终场前海耶斯两记精准的罚球，将对方47连胜的辉煌战绩作古。同时他全场35分、15个篮板的傲人数据，让贾巴尔的15分、12个篮板显得黯然失色。

　　那一年，海耶斯场均36.8分的攻击力，也让世人的目光汇聚在这个从乡村出来的小伙子身上，于是那年秋天的选秀大会，手握状元签的圣迭戈火箭队毫不犹豫地将他招入麾下。

　　1968/1969赛季，作为新秀的他出战3695分钟（平均每场45.1分钟），场均暴砍28.4分、17.1个篮板，生生把上赛季仅为15胜67负排在联盟垫底的火箭队的战绩提高到37胜，并成功带队杀入季后赛。虽然在季后赛首轮年轻的海耶斯无法抵挡老辣的亚特兰人，以4比2败下阵来，但是作为一个新秀就能完成带领一支烂队杀入季后赛的壮举，海爷虽败犹荣。

　　这一年，海耶斯成功地向世人证明，他能够在张伯伦、拉塞尔、里德一干巨人之间来去自如，甚至得分篮板也如同探囊取物。但是NBA官方似乎有些不待见他，尽管他的数据比同级的探花秀昂塞尔德要好看不少（昂塞尔德当年场均13.8分、18.2个篮板），带队战绩也都是季后赛首轮，但是联盟却莫名其妙地将这个赛季的最佳新秀和MVP都颁给了昂塞尔德。

　　这也几乎成了海耶斯整个职业生涯的缩影，当他打出精彩的比赛，联盟总是视若无睹，但一旦他的表现糟糕，呵斥和指责之声就如影随形、甚嚣尘上。

　　接下来的1969/1970赛季，海耶斯已经锋芒无双，场均狂砍27.5分的同时摘下16.9个篮板，荣登篮板王宝座。可是球队战绩却突然一落千丈，仅为27胜55负，排在联盟倒数第一。当时了解情况的人都知道原因——海耶斯闹脾气了。首先是上个赛季联盟莫名其妙地颁奖给昂塞尔德，让海耶斯心有戚戚焉；其次赛季中旬新来的主教练，和他似乎八字不合，两人之间经常传出不合的传闻。

　　接下来的赛季，虽然火箭连续摘下卡尔文·墨菲和鲁迪·汤姆贾诺维奇两员大将，但海耶斯的状态似乎并没有好转多少，休斯敦喋喋不休的媒体让海耶斯似乎失去了打球的兴趣。"我对这一切简直烦透了。"海耶斯说道，"我住在拉荷亚山地，每天晚上很晚开车回家，我开得飞快，很多次我都想直接冲出公路，一了百了算了。"于是，海耶斯虽然依旧例行公事一般砍下28.8分、16.6个篮板的惊人数据，球队战绩却只有40胜42负，以一场之差再

HOUSTON ROCKETS

● 埃尔文·海耶斯（Elvin Hayes）
● 绰号：大E
● 出生日期：1945 年 11 月 17 日
● 身高：2.06 米 ● 体重：107 公斤
● 生涯场均数据：21.0 分 12.5 个篮板 1.8 次助攻
● 球衣号码：44
● 效力火箭时间：1968–1972 年、1981–1984 年
● 主要荣誉：1 届总冠军、1 届得分王、2 届篮板王、12 届全明星、NBA50 大巨星、奈·史密斯名人堂

次无缘季后赛。

1971/1972 赛季开始之前，火箭将主场搬迁到了休斯敦，同时聘请了大名鼎鼎的"三角进攻之父"泰克斯·温特担任球队主教练。然而这一切并未能为这支球队带来好运，球队战绩似乎更加糟糕，全季只拿下 34 胜，而海耶斯场均 25.2 分、14.6 个篮板的表现，却让他更加陷入口水的旋涡，媒体和球队都认为他是"毒瘤"。球队的失败，他难辞其咎，于是乎赛季结束，球队将其送往巴尔的摩，换来籍籍无名的跳投手杰克·马丁。

海耶斯的职业生涯从此迎来了新的辉煌篇章。在巴尔的摩子弹队（华盛顿奇才队前身），昂塞尔德成功联手海耶斯，虽然两人在最佳新秀和 MVP 的争夺上有些恩怨，但是在球场上他们却似乎成了天造地设的一对搭档。1972/1973 赛季开始，到 1980/1981 赛季为止，巴尔的摩"双塔"年年杀入季后赛，并三次杀入总决赛，最终在 1977/1978 赛季如愿捧起奥布莱恩杯。

在子弹队的十年，几乎是海耶斯的黄金十年。然而在捧杯后的 1979/1980 赛季，虽然海耶斯依旧表现强势，一路杀入总决赛，但在总决赛和超音速的对决中，球队老态尽显，被超音速连扳 4 场成功复仇。接下来的两个赛季球队老态更甚，最终球队 13 年来首度无缘季后赛，赛季结束之后，昂塞尔德直接宣布退役，而英雄迟暮的海耶斯也被球队送回休斯敦。

1981/1982 赛季的海耶斯在摩西·马龙身边焕发了第二春，赛季场均拿下 16.1 分、9.1 个篮板，让所有质疑的声音都消停下来，虽然此时他已经是当时联盟年龄最大的球员了。之后马龙远走费城，海耶斯继续留在休斯敦，在球队与季后赛基本绝缘的情况下，他还是尽心尽力地辅导年轻球员，并逐渐退居二线，最终在 1983/1984 赛季结束的时候，宣布退出 NBA 的舞台。

纵观埃尔文·海耶斯的职业生涯，数据和荣誉可谓双双丰收，他总得分 27313 分、总篮板 16279 个，均排在历史总榜单的 10 名之内。除此之外，他职业生涯 12 次入选 NBA 全明星阵容、3 次入选第一阵容、2 次成为赛季篮板王，并在 1977/1978 赛季夺下 NBA 总冠军，退役后更是先后入选篮球名人堂和 NBA 历史 50 大巨星，可谓荣誉满载。

箭气长红　　　　　　　　　　　　　　　　休 斯 敦 火 箭 将 星 录

先知／摩西·马龙　　　　　　　　　　　　Moses Malone

　　1974年摩西·马龙进入ABA，效力犹他明星队，表现不俗的他入选了ABA全明星阵容。1976年ABA被NBA吞并，摩西·马龙就如同那个和他同名的先知一般，再度开始伟大之旅。但NBA那些保守的球队并不相信，一个在ABA翻江倒海的高中毕业生能在NBA有何作为。

　　命运的辗转骤然加快，1976年8月5日，NBA的波特兰开拓者队利用驱散条例，在第5顺位选中了马龙，然而21岁的马龙还没有为波特兰打过一分钟球，就被送到了布法罗勇敢者队，用来交换一个1978年的首轮选秀权。这还不算完，仅仅两场比赛后，休斯敦火箭又用两个未来的首轮选秀权，从勇敢者队手上得到了他。

　　他在"航天城"成功定居了下来，以火箭般的速度在联盟蹿红，成为人人谈之色变的"篮板机器"和"禁区野兽"。1976/1977赛季他打满了全部82场比赛，场均斩获联盟第三高的13.4个篮板，仅次于比尔·沃尔顿和贾巴尔。其中进攻篮板437个，打破了保罗·西拉斯在此前刚刚创造的365个的篮板纪录。在这个赛季的12场季后赛中，他的场均数据是惊人的18分16.9个篮板。对华盛顿子弹队的东部半决赛第2场，他摘下15个前场篮板，不用说，又创了历史纪录。

　　1978/1979赛季，马龙火山爆发般地场均砍下24.8分和17.6个篮板，并荣获职业生涯首个篮板王和首座常规赛MVP奖杯。他的篮板数占全队篮板数的38.4%，比拉塞尔和张伯伦任何一个赛季的都高。他作为一个传奇，对前场篮板的统治序幕就此华丽拉开，一发而不可收。

　　他成功创造了NBA迄今为止的单季进攻篮板纪录——587个！1979年2月9日，在和新奥尔良爵士的一场比赛中，凭借37个篮板，马龙创下职业生涯的最高纪录。火箭顺利挺进总决赛，但却以0比2败给老鹰。两场比赛，马龙合计拿下49分41个篮板。

　　1980/1981赛季，摩西·马龙再次抢得篮板王，开始了篮板王五连霸的神话传说。他的得分能力也如同热带雨林般疯长。1981年3月11日对金州勇士，他28投20中，砍下51分。1981年季后赛里火箭的表现震惊了全美，马龙场均拿下26.8分、14.5个篮板，所有球员都有极其精彩的发挥，火箭进入总决赛。但他们又一次栽在了凯尔特人的魔爪之下，不同的是，这次对手阵中有个2年级的白人前锋，叫拉里·伯德。

　　1981/1982赛季，马龙场均砍下31.1分、14.7个篮板，收获第二座常规赛MVP奖杯。他连续第二年获得了篮板王头衔，得分上也仅次于乔治·格文排在第二位。1982年2月2日，他在同圣迭戈快船的比赛中斩获53分。仅仅过去9天，在2月11日对阵西雅图超音速的比赛中，他又缔造单场21个进攻篮板的NBA新纪录。

- 摩西·马龙（Moses Malone）
- 绰号：先知 ● 球衣号码：24
- 出生日期：1955 年 3 月 23 日
- 身高：2.08 米 ● 体重：110 公斤
- 生涯场均数据：22.1 分 12.2 个篮板 5.1 次助攻
- 效力火箭时间：1976—1982 年
- 主要荣誉：1 届总冠军、12 届全明星、3 届常规赛 MVP、4 届 NBA 最佳阵容、1 届总决赛 MVP、NBA50 大巨星

赛季结束后，马龙成为受限制自由球员。1982 年 9 月 15 日，马龙正式加盟费城，76 人原已无比强大，汇聚了"J 博士"、安德鲁·托尼、莫里斯·奇克斯、鲍比·琼斯"四大名捕"的阵容，此时又加盟了一个新鲜出炉的 1982 年联盟 MVP。

摩西·马龙以 15.3 个篮板的成绩连续第三年称霸篮板王。最让人瞠目结舌的是，76 人在整个季后赛里，直到夺取总冠军为止，总共只输了 1 场比赛！马龙在 13 场季后赛里平均贡献 26 分和 15.8 个篮板，在四场总决赛中，他和贾巴尔的篮板数字比为 70 比 30，从此"天勾"最恨听到摩西·马龙的名字。

虽然摩西·马龙继续着对篮板的统治，但时代开始悄然更替，"紫金""绿衫"和费城三足鼎立的局面结束了，费城在 1983 年横扫世界的豪华五星阵渐渐走向暗淡。1985/1986 赛季开始不久，摩西·马龙本人再次如同那位先知，又一次被命运和他的信徒流放了，跋涉于华盛顿和亚特兰大，继续他那神奇的、恒定的"20+10"招牌数据。

和老鹰合作的第二年，一年老似一年的马龙终于未能再保持连续 11 个赛季打出 20 分、10 个篮板的神勇状态。场均 18.9 分和 10 个篮板，这是自其职业生涯第二年来首次跌破标准。

1990/1991 赛季，他只首发 15 场，随即坐到了板凳席上，他必须要给新人让位了，这已是他的第 16 个赛季。场均 10.6 分、8.1 个篮板，23.3 分钟的出场时间，马龙所有的技术统计都降到了历史新低。但没有关系，十余年来，在他那可怕的爆发下，他早已到了超越时代的高度，当他停下来回头看时，世界已在他身后，他早已成了被写入历史的。

1995 年 1 月 15 日，在马刺队，横跨了三个时代的摩西·马龙接受手术，悄然隐退。

在 21 年的篮球生涯中，摩西·马龙将得分与篮板能力展现到历史最高级别。他总得分达到 29580 分，一度高居历史第七。总篮板数为 17834 个，仅次于张伯伦、拉塞尔，居历史第三。马龙还保持着单季进攻篮板以及单场进攻篮板（21 个）NBA 双项纪录。

2015 年 9 月 13 日，摩西·马龙因病逝世，享年 60 岁，一代名将就此与世长辞。

大梦／哈基姆·奥拉朱旺
Hakeem Olajuwon

他具有巨人们所不具备的灵活性、运动能力和投篮手感；他的到来开创了火箭队历史上最光辉的时代；他在 1993/1994 赛季成为 NBA 首位在单赛季集常规赛 MVP、最佳防守队员、总决赛 MVP 于一身的球员；他曾砍下 18 分、16 个篮板、10 次助攻、11 个盖帽的"四双"神迹；他拥有科比、詹姆斯等顶级球员竞相学习的内线脚步。

1980 年，17 岁的奥拉朱旺参加了全非运动会篮球比赛。在一场比赛中，他一人夺得 60 分和 15 个篮板，被美国球探庞德发现，便把奥拉朱旺推荐给休斯敦大学的著名教练刘易斯。17 岁的奥拉朱旺在刘易斯的严格训练下，进步神速。因为他的脚步动作灵活敏捷，假动作逼真多变，教练不由得惊叹："看上去像一场梦。"

1984 年夏季的某一天，火箭和开拓者的制服组都紧紧盯着那枚在空中不断翻滚的硬币。在选秀制度尚未完善的年代，两支成绩最烂的球队需要用猜硬币这种古老方式争夺状元签。硬币抛起又落下，一年前的剧情再度上演，休斯敦又一次得到上帝垂青。那枚幸运的硬币让休斯敦提前预订了奥拉朱旺。

就读休斯敦大学的奥拉朱旺早已将休斯敦视为第二故乡："有多少球员不希望留在大学所在的城市呢？我认为根本没必要换地方，在休斯敦意味着我可以在熟悉的环境里继续成长。"奥拉朱旺的梦想照进了现实，火箭队拿到了状元签，选秀当天毫不犹豫地在第一顺位选中了他。

在 NCAA，奥拉朱旺早已扬名立万，著名大学篮球评论员迪克·维塔尔给他起了一个响亮的绰号——The Dream，奥拉朱旺"大梦"的绰号便不知不觉地传开了。"大梦"人如其名，背景切换到 NBA，他的开局依然梦幻。新秀赛季，奥拉朱旺场均贡献 20.6 分、11.9 个篮板，火箭旧貌换新颜，从前一季 29 胜的超级"鱼腩球队"，一跃成为 48 胜的季后赛球队。虽然迈克尔·乔丹依然是那届新秀中最闪亮的星，当选年度最佳新人毫无悬念，然而"大梦"是当年"飞人"之外唯一获得选票的候选人。

职业生涯第二个赛季，奥拉朱旺率领火箭以惊人的速度继续蹿升，打出 51 胜的队史最佳战绩。季后赛他们一路过关斩将，西部决赛以 4 比 1 的总比分击败上届冠军湖人，震惊联盟。被淘汰之后，湖人主帅帕特·莱利两手一摊说："我们竭尽全力，甚至采取四人合围的策略，想尽办法阻止奥拉朱旺，没办法，他是个伟大的球员。"

总决赛惜败凯尔特人并没有让休斯敦球迷太过失望，毕竟 1986 年的"绿衫军"被视作史上最伟大的球队之一。多年后谈及总决赛处子秀，奥拉朱旺依然目光如炬："如果 1986 年能一鼓作气夺冠，或许我会很高兴。然而追忆往昔，我才明白逆境中的挣扎和奋斗，对冠军的

- 哈基姆·奥拉朱旺
（Hakeem Olajuwon）
- 绰号：大梦
- 出生日期：1963年1月21日
- 身高：2.13米 ● 体重：115.8公斤
- 生涯场均数据：21.8分 11.1个篮板 3.1个盖帽
- 球衣号码：34
- 效力火箭时间：1984-2001年
- 主要荣誉：2届总冠军、1届常规赛MVP、2届总决赛MVP、2届最佳防守球员、12届全明星、3届盖帽王、2届篮板王、NBA50大巨星、奈·史密斯名人堂

渴望和执着,会让胜利后的成就感更加强烈。"

奥拉朱旺带给休斯敦的不仅是战绩上的飞跃,还有颠覆过往经验的视觉盛宴,他继承了中锋在攻防两端的伟大传统,同时为这个位置重新定义。"推陈出新是我的目标,比如加入一些假动作和脚步变化。""大梦"说,"提及中锋,人们总是先入为主地联想到机械的卡位。对我而言,面对防守者时,我从没有把自己当作中锋,而是当作灵活的小前锋。"

从事足球和手球运动的丰富经历让奥拉朱旺具备常人罕见的机动性和速率,拳王穆罕默德·阿里在步法上给了他很大的启示,"美国篮坛教父"皮特·纽维尔如此评价:"奥拉朱旺是我见过的脚步最出色的大个子。"奥拉朱旺认为自己的招牌动作不仅仅是一项技术,还是一门科学,分享自己的秘诀时,他的语气像一个大学教授。"当后卫传球给我时,我会跳起接球。""大梦"说,"这也是下一个脚步动作的预备阶段,我称之为'落地选择'。此时任意一只脚都可以作为轴心脚,对手不知道你会从哪边突破,因此被冻结,这就是'梦幻舞步'。"

尽管奥拉朱旺如日中天,他的球队却开始不断陷入麻烦,1986年总决赛之后,卢卡斯二世、劳埃德和威金斯因滥用药物被禁赛。1987/1988赛季,桑普森因为与主帅比尔·菲奇不睦被清洗出队。1988年季后赛首轮对阵小牛,奥拉朱旺有如神助,场均砍下37.5分、16.8个篮板,却独木难支,火箭遗憾出局。

1989/1990赛季,奥拉朱旺堪称内线球员中最闪耀的数据达人,成为1973/1974赛季以来首位场均贡献14个篮板和4.5个盖帽的球员,也是贾巴尔和沃顿之后又一位包揽篮板王和盖帽王的中锋,此外还打出一次惊世的"四双"。

奥拉朱旺光鲜亮丽的数据背后是球队尴尬的季后赛魔咒,火箭连续四年止步首轮,停滞不前的战绩多少让他失去了耐心,他开始质疑管理层的运作,指责球队只想走捷径,甚至公开咒骂老板查理·托马斯。火箭管理层也反唇相讥,控诉奥拉朱旺因为不满合同而假装受伤。休斯敦球迷应该暗自庆幸这段剪不断理还乱的肥皂剧最终戛然而止,汤姆贾诺维奇走马上任成为剧情的转折点。汤帅第一个完整执教的赛季就率队冲破首轮羁绊,他为火箭量身打造的内外结合战术逐渐显现出威力。

在乔丹归隐、四大中锋鼎足而立的时代背景下,内线对决不可避免,在冠军史诗中巨人之间的决斗恰恰是最动人的章节。1994年总决赛,奥拉朱旺与尤因狭路相逢,他们在大学时的恩怨被媒体大肆渲染,两人彼此之间却满怀敬意。奥拉朱旺说:"我们从大学时代就纠缠不休,打球风格类似。当尤因站在球场另一端时,你就知道自己面对的是最难对付的敌人。"尤因如此回应:"毫无疑问,与奥拉朱旺对位时,我想打出最佳水准,他也如此。面对'大梦',你必须拿出110%的努力。"

在总决赛的前瞻中,美联社将火箭和尼克斯的对决比作赫克托耳和阿喀琉斯的巨人之战。

比尔·拉塞尔如此总结 1994 年总决赛："奥拉朱旺和尤因就像和镜子里的自己对打。"这是一轮势均力敌的较量，第六场奥拉朱旺最后时刻对斯塔克斯的封盖才为火箭赢得抢七的机会，前六场双方的分差都在 9 分以内。

决战前夕，空气都仿佛凝固，奥拉朱旺回忆道："我就像等待审判，比赛前的几小时，可要比打比赛时煎熬一百倍。"抢七战的场面堪比斯大林格勒保卫战，双方寸土必争，《纽约时报》如此描述当时的状况："每进一球，就像射出一颗子弹，砰然作响。"比赛直到最后一刻才分出胜负，奥拉朱旺面对尤因时的一次成功单挑，最终打破了胜负的平衡。

奥拉朱旺一战封神，不仅登上了冠军之巅，也成为历史上第一位单季包揽常规赛 MVP、年度最佳防守球员和总决赛 MVP 的球员。"我还记得第七场的最后时刻。"奥拉朱旺说，"我背靠着技术台，享受那个难忘的瞬间，看着队友，看着球迷，这就是我在场上挥汗如雨的原因，也是我来到休斯敦之后的终极目标。"

1994/1995 赛季，踏上卫冕征途的火箭出人意料地对阵容做出调整，送走奥蒂斯·索普，换来奥拉朱旺的老朋友德雷克斯勒。重新磨合阵容让火箭的战绩左右摇摆，常规赛结束仅列西部第六，奥拉朱旺在 MVP 的评选中输给大卫·罗宾逊，火箭的卫冕前景也被看衰。

火箭最终还是跌跌撞撞地杀进了西部决赛。第一场开始之前，"海军上将"大卫·罗宾逊领取了 MVP 的奖杯，他并不知道这是一个噩梦的开始。终场哨响，奥拉朱旺砍下了 41 分、16 个篮板、4 次助攻、3 次抢断、2 个盖帽，用"梦幻舞步"当众羞辱了新科 MVP。

整个系列赛，奥拉朱旺全面压制了大卫·罗宾逊，后者被罗德曼迎头痛骂，不知所措。"阻挡哈基姆？根本做不到。"德雷克斯勒反复强调 MVP 评选的荒谬，"看看罗宾逊在奥拉朱旺面前都做了什么？"在总决赛中，将公牛零封出局的魔术仅仅收获了一个鸭蛋，面对奥拉朱旺出神入化的篮下迷踪步，年轻气盛的奥尼尔晕头转向地说："他先移动 5 步，再反方向移动 4 步，看起来好像移动了 20 步。"

真正无敌的只有时光老人，奥拉朱旺也不例外，在与时间的对抗中他逐渐败下阵来。他没有复制贾巴尔返老还童的传奇戏码，从 35 岁开始慢慢走下神坛，在 39 岁的高龄完成职业生涯第一次转会，2001/2002 赛季为猛龙效力 39 场之后正式宣布退役。

对休斯敦而言，奥拉朱旺是可遇而不可求的"造梦大师"，这里也是他梦开始的地方。"如果这些故事汇成一本书，恐怕没有人会相信。"奥拉朱旺说，"从遥远的尼日利亚来到这里，进入大学，将整个职业生涯奉献给休斯敦。看看我的绰号多么恰如其分，我的经历跟这座城市交织在一起，它如实地概括了我在休斯敦的人生。是的，就像一个梦一样。"

滑翔机／克莱德·德雷克斯勒

Clyde Drexler

"滑翔机"克莱德·德雷克斯勒似乎把绚丽的才华与辉煌都留给了波特兰开拓者,但是在家乡休斯敦,他与好友奥拉朱旺一起携手,才登顶荣耀的巅峰……

你无法想象这样的男子,竟然安然若桂花打秋水般地站在崇尚铁血与肌肉的NBA球场上,或者说,他并非"站着",而是高高翱翔在天际横空,穿越过极尽奢华光鲜的国际大都市,盘旋于书简丹青里淌着油墨馨香的城镇,辗转于水粉胭脂浓妆淡抹的烟雨亭台,留下NBA赛场内外一片惊叹之声。

1962年6月22日,他出生于满街挑逗着爵士性感的新奥尔良,虽然他之后的成长岁月都留给了"航天城"休斯敦,但似乎就在他出生的那一瞬息,上帝就将爵士乐的悠扬舒缓附着在他的骨髓之上。年幼时的他展露出一些天赋,更多的却与篮球无关,他喜欢别致而又谦和的东西,比如书籍,比如音乐。

直到他升入高中,对于篮球的热爱才崭露头角。在进入大学之后,这些上苍的眷顾才肆无忌惮地完全释放出来。在那些青葱岁月里,他在篮球场亦邂逅了一生最亲密的朋友——哈基姆·奥拉朱旺。他们一起征战在NCAA的赛场之上,彼时两个人都是最低调的青铜器皿,却能在联手时撞击出吴越争霸、残阳照赤莽般惨烈的铁戈之声。

整个大学生涯,他司职前锋,由他、哈基姆·奥拉朱旺和拉里·麦考克斯共同组成的锋线帮助球队连续两年杀入NCAA的最终四强。在他大学三年级的赛季中,他平均每场能够为球队贡献15.9分、8.8个篮板和3.8次助攻,投篮命中率达到53.6%。

随后,他先于奥拉朱旺一年进入NBA。

1983年,他正式宣布登陆NBA,波特兰人在前面13位总经理神经错乱的选择之下,如获至宝地将他在第14顺位摘走。至此,雄鹰正式在NBA的天空展翅翱翔。

1986年到1989年的三年,是他在开拓者个人最辉煌的三年。那三年,他分别砍下场均21.7分、6.3个篮板、6.9次助攻、2.49次抢断,27.0分、6.6个篮板、5.8个助攻、2.51次抢断27.2分、7.9次助攻、5.8次助攻。但与此同时,开拓者却在季后赛举步维艰,连续三年倒在季后赛首轮。

由于球队在季后赛中步履蹒跚,生性好静的他渐渐从媒体的视线中淡出,而他耀眼的技术统计也没有为他赢得应有的赞誉。当波特兰开拓者队逐渐成为NBA总冠军的有力争夺者时,他才重获媒体的重视。在他的率领下,爆发的开拓者队在1990年和1992年两度杀入NBA总决赛,而1991年也进入了西部决赛。

● 克莱德·德雷克斯勒
（Clyde Drexler）
● 绰号：滑翔机
● 出生日期：1962年6月22日
● 身高：2.01米 体重：95公斤
● 生涯场均数据：20.4分 6.1个篮板 5.6次助攻
● 球衣号码：22
● 效力火箭时间：1995-1998年
● 主要荣誉：1届总冠军、10届全明星、1992年巴塞罗那奥运会金牌、NBA50大球星、奈·史密斯名人堂

三年倒在季后赛首轮，让他迅速成长为极具领袖气质的球员。在那年21场季后赛中，他场均得到21.4分和7.2个篮板，在与活塞总决赛的第二场，他更是独得33分，包括在加时赛最后的制胜罚球。然而，那却是开拓者在总决赛上唯一的一场胜利，底特律活塞队在"微笑刺客"伊塞亚·托马斯的率领下成功卫冕，但他在总决赛中场均砍下26.4分和7.8个篮板，投篮命中率高达到54.3%，成为波特兰真正的中流砥柱。

1991/1992赛季，他再次率队杀入总决赛，并在那次遭遇了一生最大的敌人——迈克尔·乔丹。不幸的是，乔丹在第一场比赛中手感热得令人难以置信，仅在上半场就凭借一系列的跳投和远距离三分独取35分，最终公牛队也以122比89击溃开拓者队。此后开拓者队卷土重来，眼看就要将总决赛拖入第七场，但开拓者队在以79比64领先进入第四节的优势情况下输掉了第六场比赛，与总冠军失之交臂。

两人那一年在总决赛上的对决，成为很多年之后球迷津津乐道的话题，他也因此一举成为和乔丹在得分后卫位置上一统联盟东西两部的强者。接下来的两年，德雷克斯勒遭遇伤病侵袭，不复当年之勇。1995年他感觉到留在NBA赛场上的光阴有限，于是要求球队将他交易到故乡球队——休斯敦火箭。德雷克斯勒与大学校友奥拉朱旺两人兄弟齐心，在"乔帮主"不在的赛季顺利将NBA总冠军收入囊中。

1997年，深受伤病困扰的他宣布赛季结束后选择退役。媒体安静地报道了这则消息，他很开心，他困扰一辈子都是安然的人，不喜欢喧嚣。可是，当他在那个赛季末出现在赛场时，疯狂的球迷终究还是没能遂了他的心愿，山呼海啸般的呼喊声，冲破云霄！

人们会永远铭记——"滑翔机"克莱德·德雷克斯勒！

弗老大／史蒂夫·弗朗西斯
Steve Francis

史蒂夫·弗朗西斯出生在马里兰州塔科马帕克。那是美国犯罪率最高的城市之一，城市里到处游荡着毒贩和罪犯。而弗朗西斯的家庭异常贫寒，亲生父亲早早进了监狱，从未尽过父亲的责任，母亲孤身一人把他拉扯成人。但在弗朗西斯17岁的时候，母亲就因为癌症撒手人寰，留下弗朗西斯和继父相依为命。

待到他上了高中，篮球技术已非常纯熟，马里兰大学发现了他的篮球天赋。在马里兰大学的生涯里，他在篮球上惊人的造诣显露无遗。大二那年，他场均已经能够为球队贡献25.3分、7.1个篮板、8.7次助攻、5.3次抢断，总得分885分、总抢断187次和总罚球204个，都创下了校史纪录。

就这样，他在1999年决定参加NBA选秀，并在榜眼位置被温哥华灰熊选中。而弗朗西斯公开宣称，他更喜欢温暖的、美国式的地方。他的言论引起了轩然大波，作为一个菜鸟，这样的行为无疑引起谴责。好在温哥华显然不想在挽留他身上花费力气，他很快便被如愿以偿地交易到了休斯敦火箭。

彼时"大梦""查尔斯爵士"以及"皮二爷"三位上古巨神已经垂垂老矣，争冠的雄心随着时间早已磨平，弗朗西斯显然正是球队急需的新鲜血液。

弗朗西斯坚定地挑起了球队的重任。职业生涯的第一个赛季，他就场均砍下18分，同时还为球队贡献6.6次助攻以及1.5次抢断，成为队史第一个能够在这三项数据上同时位列球队第一的球员。2000年1月24日，他荣膺周最佳，成为球队历史首位获得该荣誉的新秀球员。

那个赛季，他三次获得月最佳，成功入选"新秀最佳阵容"，在那届新秀里，他场均得分第二，助攻第一。2000年1月27日对阵金州，他甚至轻松拿下自己职业生涯首个"三双"——25分、17个篮板和14次助攻。更值得一提的是，那个赛季他还和卡特角逐了2000年全明星扣篮大赛，也让那一届扣篮大赛成为NBA历史上最精彩纷呈的扣篮大赛之一。

接下来的两个赛季，弗朗西斯一发不可收拾，他宛如街头杂耍一般的进攻手段以及彪悍的球风，为他赢得了无数球迷的爱戴。经历过大神垂暮，看够了"查尔斯爵士"靠着大屁股"揉"进内线的休斯敦球迷们，把无限的热情倾注在这个钟爱面对面劈扣的年轻小伙子身上。

弗朗西斯也用出色的表现回应着球迷们，2001/2002赛季，他已经场均能够拿下22分、7个篮板、7次助攻，成功入选全明星。这个赛季，他也正式比肩"大O"和"魔术师"，成为NBA历史上仅有的能够在职业生涯前三个赛季都砍下"15+5+5"的球员。

2002年8月，弗朗西斯和休斯敦火箭完成一笔六年的巨额合同，成为球队的基石。

●史蒂夫·弗朗西斯（Steve Francis）
●绰号：弗老大
●出生日期：1977年2月21日
●身高：1.91米 ●体重：95公斤
●生涯场均数据：18.1分5.6个篮板6.0次助攻
●球衣号码：3
●效力火箭时间：1999-2004年、2007-2008年
●主要荣誉：3届全明星

2002年，休斯敦成了世界篮球的焦点，他们用状元签将姚明招入麾下。弗朗西斯异常兴奋，他仿佛看到了球队光明的未来。

在姚明到来的前两个赛季，一切似乎按照弗朗西斯幻想的剧本在进行着。弗朗西斯和姚明可以说是天作之合，内线的巨无霸加上弗朗西斯外线犀利的突破，球队一路高歌猛进，杀入季后赛。虽然在首轮他们被当时锋芒无两的"OK组合"斩落马下，但事实上只有一场之差。而弗朗西斯在关键的比赛中，更是狂砍44分，展示出了绝佳的领导能力。不仅如此，常规赛，弗朗西斯为姚明挺身而出，怒推斯塔德迈尔的经典镜头也为他在中国球迷中赢得极佳声望。

火箭战绩的止步不前，以及弗朗西斯有些"独"的球风，让休斯敦开始动摇了。2004年6月29日，一心求改变的休斯敦终于痛下决心，将弗朗西斯、莫布里和卡托一起被交换到了奥兰多魔术队，同他们交换的球员是麦克格雷迪、朱万·霍华德、泰伦·卢和里斯·盖恩斯。在当时这笔交易引起了激烈的反响，弗朗西斯被交易了，他去了奥兰多。

在那里，他很快陷入了是非圈。奥兰多的管理层并不喜欢弗朗西斯，2005/2006赛季魔术彻底确定了霍华德和尼尔森的地位，弗朗西斯就变得可有可无。2006年2月22日，交易截止日关闭之前，弗朗西斯被交易到了尼克斯，在彼时混乱无比的尼克斯，弗朗西斯也完全没有心思投入比赛。很快，他再次被交易到了开拓者，并很快被球队买断合同。

被买断之后，想要落叶归根的弗朗西斯回到了火箭，然而整整两个赛季，他只为球队打了10场比赛，并在第二个赛季被交易到了当年他最不喜欢的灰熊，虽然彼时这支球队已经从温哥华搬迁到了孟菲斯。而在那里他也没有获得任何机会，便再度被买断，只能遗憾地告别了NBA舞台。从那以后，他短暂流浪过CBA联赛，一共只出战四场，总计不到14分钟。

在那之后他彻底退役，彻底告别了篮球。

纵观弗朗西斯整个职业生涯，总是让人有种说不出的遗憾，他带给球迷无数精彩纷呈的比赛，他的打法让人血脉偾张，职业生涯也没有太多重大的伤病。但突然间命运就开了个玩笑，让他远离他喜欢的城市和朋友，最终也因此而迅速陨落……

或者，我们今天可以想象一下，如果当年他没有被休斯敦交易，他和姚明是不是能够开创更加辉煌的时代呢？只可惜，世间没有如果……

休 斯 敦 火 箭 将 星 录

中国长城／姚明

Yao Ming

  他高大强壮而又幽默睿智；他谦和内敛而又坚韧强悍；他天赋异禀而又勤奋不辍。他凭借着天赋和努力被高傲的美国人接受，向世界展示了极具东方魅力的中国特质，用科比的话讲："他是我们所有人之间的一座桥梁！"他用精湛的球技和含蓄的微笑征服了所有世人，然而唯一无法征服就是伤病。而如今他转身离去时，NBA留下了一个来自神秘东方的闪亮印迹。

  2011年7月20日姚明宣布退役，看似无比震惊，但却早有征兆，2010/2011赛季姚明只打了5场就再度赛季报销。正值当打之年退役虽然留下无尽遗憾，但这些遗憾掩盖不了姚明在NBA取得的成就和荣耀。他的成功不仅是因为独一无二的身体天赋，更重要的是近乎苛求的自我要求，还有从不服输的坚毅品质，他是NBA最勤奋的内线球员，没有之一。2005—2009年姚明成为场均"20+10"的巨型中锋，成为毫无疑问的NBA第一内线，但密集的比赛也让他留下了伤病的隐患。

  1980年9月12日，在上海第六医院，著名篮球运动员方凤娣生下了一个男婴。婴儿体重5公斤，体长将近60厘米，远远超过普通中国新生儿。随后方凤娣和丈夫姚志源（上海男篮中锋）给这个孩子起名叫姚明。

  姚明17岁的时候入选了中国国家青年队，并获得亚洲青年男子篮球锦标赛冠军。2000年9月12日，20岁的姚明第一次出征奥运，从那时起，他让中国男篮进入了新的一页。在6场奥运会比赛中，姚明场均拿到10.5分、6.0个篮板和2.2个盖帽。在那届奥运会上，姚明以13个盖帽并列盖帽榜第一，以63.9%的投篮命中率列第三，以4.16个防守篮板球列第五。

  2001/2002赛季，姚明场均贡献32.4分、19个篮板，并一举率领东方大鲨鱼队杀进总决赛。整个总决赛，姚明场均轰下40分、21个篮板和4.3个盖帽，率队一举击溃"八一王朝"，为大鲨鱼队送上队史上第一座总冠军奖杯。

  2002年弗朗西斯为火箭抽中状元签。2002年6月27日，NBA选秀大会在纽约拉开帷幕。时任NBA总裁大卫·斯特恩宣布姚明成为状元秀，这是NBA史上首位外籍状元。

  2002年的世锦赛在篮球的发源地美国举办。姚明以NBA状元郎身份首次参加世锦赛，备受关注。在参加的8场比赛中他场均得到21分；投篮命中率高达75.3%，位居所有球员的第一位；场均9.2个篮板也位居那届赛事的前三位；场均2.2次封盖更是排名第一，称雄世锦赛。可以说，姚明当选2002年男篮世锦赛最佳中锋无可争议。

  2002年10月31日，火箭对阵步行者，姚明在NBA处子秀上的表现令人失望。他以替补身份登场，处子秀上唯一的建树是2个后场篮板，同时还付出了2次失误和3次犯规的代价。

- 姚明（Yao Ming）
- 出生日期：1980年9月12日
- 身高：2.29米 ● 体重：141公斤
- 生涯场均数据：19.0分 9.2个篮板 1.9个盖帽
- 球衣号码：11
- 效力火箭时间：2002-2011年
- 主要荣誉：8届全明星、奈·史密斯名人堂

2002年11月18日，火箭对阵湖人，这是姚明NBA生涯的第八场比赛。这之前在美国TNT电视台做评论员的查尔斯·巴克利夸下海口，如果姚明能在一场比赛中拿到19分，他就去亲搭档史密斯的屁股。此战姚明9投9中，拿下20分、6个篮板。火箭也以93比89取胜。四天后巴克利换了种方式兑现了自己的赌约——亲吻驴屁股。

作为NBA历史上第一位外籍状元秀，姚明在2002/2003新秀赛季场均得到13.5分、8.2个篮板和1.74次封盖，入选最佳新秀第一阵容。此外姚明获得了1,286,324张全明星选票，力压"大鲨鱼"奥尼尔成为西部首发中锋。

2004年，姚明职业生涯首次闯进季后赛。遇到"OK组合"领衔的湖人，"姚鲨对决"虽然吸引眼球，但却无比残酷，火箭最终以1比4败下阵来。此次季后赛姚明场均得到15分、7.4个篮板。

2004年雅典奥运会，已经成为中国男篮绝对领袖的姚明，立誓"不破前八，不剃须"。此后中国男篮赢下2002年世锦赛冠军塞黑，在那战里姚明得到27分、13个篮板，率中国队晋级八强。中国男篮最终排名第八。姚明此次奥运场均20.7分排名第三，9.3个篮板排名第一。

2007年4月17日，火箭以120比117战胜太阳，取得了季后赛主场优势。这场比赛麦迪31投14中，得到39分、11个篮板、9次助攻；姚明20投14中，砍下34分、9个篮板。这场比赛可以看成是"姚麦"联手最振奋人心的一场比赛。

2007/2008赛季，火箭创造了联盟历史第二长的连胜战绩——22连胜（仅次于1971年湖人队创造的33连胜），差不多在2个月的时间里没有输球。事实上，在22场连胜之中，前12场已经奠定了一个基础，参加前12场比赛的姚明就好比点燃火箭升空的助推器。

2008年7月17日，姚明在受伤143天之后终于复出。而在北京奥运会，姚明带领中国男篮从"死亡之组"当中杀出，挤入八强赛。姚明在奥运会的五场比赛当中场均砍下19.0分、8.2个篮板、2.0次助攻、1.5个盖帽和0.67次抢断，投篮命中率高达51.5%。

2009年3月21日，火箭在主场丰田中心迎战森林狼，姚明职业生涯总得分突破9000分，成为火箭队史上第六位得分迈过9000大关的球员。

2008/2009赛季，打了77场比赛的姚明场均砍下19.7分、9.9个篮板和1.9个盖帽，在麦迪因伤缺阵的危急时刻，姚明成功率领火箭以西部第五杀入季后赛。

季后赛首轮火箭4比2淘汰开拓者，姚明NBA生涯首次进入季后赛第二轮。

尤其值得一提的是，2009年4月19日，火箭做客玫瑰花园球馆，最终以108比81击败开拓者取得季后赛首胜。姚明此役9投9中，砍下24分、9个篮板，投篮命中率为惊人的百分之百。

火箭在半决赛与湖人会师，首战姚明17投9中砍下季后赛最高的28分、10个篮板，还上演了一回"王者归来"。他在膝盖被撞伤后拒绝回到更衣室，从通道返回，并用一记中投

休斯敦火箭将星录　　　　　　　　　　　　　　　HOUSTON ROCKETS

扩大领先优势，最终火箭以 100 比 92 在斯台普斯告捷。

可惜的是，姚明在第三战结束后左脚踝轻微骨裂，也因此赛季报销。火箭也因为姚明的受伤失去与湖人一拼高下的资本，最终火箭以 3 比 4 败在湖人手中。整个系列赛，姚明场均贡献 19.6 分、11.3 个篮板和 1.3 个盖帽。就此他开始了漫长的养伤期，火箭的腾空进程也因此戛然而止。在姚明这次受伤之后，更为痛心的是，左脚的伤势始终无法痊愈。

姚明 NBA 生涯一直效力于休斯敦火箭，场均砍下 19 分、9.3 个篮板和 1.9 个盖帽。姚明的退役使之在 NBA 的数据就此定格：出战 486 场、先发 476 场，总共得到 9247 分、4494 个篮板、769 次助攻、189 次抢断、920 次封盖。

虽然姚明在 NBA 只打了 9 个赛季，但是他留下了无数的荣誉。作为 NBA 历史上第一位外籍状元秀，除了整季伤停的 2009/2010 赛季，他连续 8 次入选全明星，5 次入选联盟最佳阵容。加入联盟的第一年，他就入选了最佳新秀第一阵容。在国际赛场上，姚明同样成就惊人，他率领中国男篮在 2004 年雅典奥运会上进入前八，也在 2006 年日本男篮世锦赛上当选过赛事得分王。这些辉煌，足够让球迷永记姚明的伟大了。

姚明不只是一个球星，更是一个划时代的象征，一个富有自信走向世界的中国符号。这位天才式的精英人物，将中国人的儒雅睿智而又坚韧倔强的特质展现在美国人面前，让骄傲自大的美利坚感受到一种奇异的力量。那是像水一样的力量，含蓄的霸道，低调的犀利，看似波澜不惊，却有种无法阻挡的前进力量。

姚明在赛场上罕有咄咄逼人的霸气，但不代表没有统治力，精湛的球技和完美的身高让他成为对位者无法逾越的高峰。如果姚明健康，毫无疑问是 NBA 第一中锋，13 投 13 中，单场 41 分，22 连胜，全明星首发，对撼邓肯、奥尼尔、完爆霍华德，带领球队杀入西部半决赛。这些点滴记忆都曾是每位中国球迷最为津津乐道的话题，并成为珍藏在心中的那份骄傲。

2016 年 9 月 9 日，姚明入选 2016 届名人堂，对于此项殊荣他可谓实至名归。

姚明拥有独一无二之处，他用自己在 NBA 的形象、个人的人格魅力，让世界上人口最多的国家掀起篮球热潮，其中蕴含的价值是以"产业"来衡量的。

"站在 2 米 26 的高度，他几乎以一己之力改变了 NBA 只在一个国度风靡的局面，推动了 NBA 全球化发展。"作为篮球交流的使者，姚明是中国篮球的标志与骄傲，为中美篮球作出了巨大贡献。

T-Mac／特雷西·麦克格雷迪   Tracy McGrady

21世纪初，新生代锋卫摇摆人最愿意模仿的不是科比，而是"T-Mac"麦迪。他身高臂长、灵动飘逸，拥有无与伦比的启动速度、卓然不群的创造力以及傲人的天赋。巅峰时期他的得分如同性能优良的冲锋枪，在一串音色清脆的扫射后，记分牌上的数字欢快地跳动，对手则露出瑟瑟发抖的神情。

麦迪就像上帝的杰作般为篮球而生，然而，上帝又嫉妒自己的作品如此完美，邪恶地埋下了"阿喀琉斯之踵"。伤病成了麦迪唯一的羁绊，以及职业生涯挥之不去的梦魇。

即便在职业生涯的最后时刻，他丢掉了所有的爆发力、速度和灵巧，但是他的洞察力，他行云流水的协调能力，他骨子里闲庭信步的随意和从容，总会让大家忽然发现，那个懒洋洋、睡眼惺忪的胖子是从前的麦迪。

1996年阿迪达斯训练营，麦迪只是个瘦削青涩的毛头小子，名不见经传，默默无闻。当时的训练营中，有着被称为"未来之星"的天才少年拉马尔·奥多姆和詹姆斯·费尔顿，那时候的麦迪是个无所顾忌的愣头青。一次防守反击中，他抢下篮球单人快下，费尔顿回防准备封盖，麦迪特意等了费尔顿一下，然后几个大步跨进罚球线高高跃起，在费尔顿头上重重地用左手将球扣进，力道之狠几乎要把地板砸穿。全场一片死寂，场上的球员都惊呆了，费尔顿无奈地摇了摇头，努力让自己看上去不像一个受害者，但是伤害已经造成了。奥多姆后来说道："那是我生命中最美妙的篮球回忆之一。"

追忆2000年那一次已经成为绝唱的扣篮大赛时，人们也许只记得卡特那一连串如梦如幻的表演，360度大风车、挂臂扣篮、接表弟麦迪的传球后胯下扣篮，却难以想起瘦削的麦迪首轮得到99分进决赛。那一记转身双手大风车，几乎让时间静止，像极了巅峰时期的人类电影精华。观众席上的奥尼尔张大了嘴巴，凯文·加内特躺倒在座位上，瞪大眼睛摇着头。

在猛龙的岁月，麦迪静静地藏在表哥卡特的光环之下，虽然他有着更好的防守能力、更好的组织传球、惊人的弹速、超长的臂展、迅猛的第一步、与生俱来的嗅觉和协调性。在皮蓬之后，在詹姆斯之前，他就是天生的侧翼小前锋。大家都觉得他会变成卡特的"皮蓬"，因为他出众的身体素质和强悍的防守。在猛龙的最后一年，他场均拿下15.4分、6.4个篮板、1.9个盖帽。

然而他转会到了奥兰多，三年时间却完全换了一个人，打出了如下数据：第一年，出场40.1分钟，场均26.8分、7.5个篮板、4.6次助攻；第二年，出场38.3分钟，场均25.6分、7.9个篮板、5.3次助攻；第三年，出场39.4分钟场均32.1分、6.5个篮板、5.5次助攻。他

- 特雷西·麦克格雷迪
  （Tracy McGrady）
- 绰号：T-Mac
- 出生日期：1979年5月24日
- 身高：2.03米 ●体重：95公斤
- 生涯场均数据：19.6分 5.6个篮板 4.4次助攻
- 球衣号码：1
- 效力火箭时间：2004–2010年
- 主要荣誉：7届全明星、2届得分王、奈·史密斯名人堂

成为连庄得分王！那个时候，麦迪身体轻盈，步履迅捷，充满着年轻的斗志和力量，若不是最后受了腰伤，他是一个无懈可击的完美运动员。他一对一单防的时候，令所有人头疼，出色的身高、臂展和弹速令得分手们出手艰难，还要时刻防备他轻而易举的盖帽和抢断。

那时候他灵气四溢，那些看起来疯狂的事情，他居然能信手拈来、随心所欲地完成。我们常常感觉，那些匪夷所思的一步突破、篮板后大拉杆、雷霆万钧的劈扣、大幅度crossover后举重若轻的干拔跳投，似乎不是来自训练成果，而是他随随便便地灵感突发，赏赐给我们的一鳞片爪，"文章本天成，妙手偶得之"，古人诚不欺我！

2001年入选全明星，他对科比如影随形地进行封锁，并封盖了"飞侠"的后仰跳投。2002年全明星第二节，他一个人全场运球杀向篮筐，面前挡着年轻的德克·诺维茨基和史蒂夫·纳什，他像挥毫泼墨一样把皮球从纳什和诺维茨基中间抛起，身体如一缕清风一般腾起到空中，打板自抛自扣，这被NBA官网誉为"全明星历史上最精彩的扣篮之一"，而他依旧一副"事了拂衣去"的神情。

2004年麦迪驾临火箭时，姚明24岁，麦迪25岁，一个是联盟状元中锋，一个是联盟连庄得分王。两人联手第一年就帮助火箭获得51场胜利，火箭上一回获此佳绩还要追溯到奥拉朱旺时代。35秒13分的旷世之杀成功暖场后，麦迪将神奇演绎到极致！骑扣布拉德利的豪迈和绝杀小牛的凛冽让麦迪登上了职业生涯的巅峰，然而这竟是转折。麦迪的天分过于出色，以至于对训练并不热衷，这令他极少如乔丹、科比、勒布朗一样，经历一些残暴自虐式的夏天。

在火箭的五年时光本应是麦迪证明自己的最好机会，休赛期没有系统训练的后果是没有足够的体能和状态来应付接下来的赛季，而且在比赛中频繁地受伤。伤病就这样毁掉了这位天赋异禀的奇才。从2005年开始，饱受伤病困扰的麦迪状态开始起伏，每次赛季开始，他都会经历这样一段低潮、不稳定的时期。随着赛季深入，他才会逐渐进入状态，每年进入到春天都会火力全开。此后便是季后赛第一轮，期间他偶尔令人惊艳，但是似乎仅此而已。

2004年来到休斯敦后，四个赛季中的三个赛季，麦迪都进入了联盟前三阵容，常规赛MVP选票跻身前八。2007年1月姚明缺阵时，他用自己的卷切、分球和跳投，使火箭维持在西部前四之列，单月场均砍下29分、7次助攻；2008年2月，当姚明受伤后，他带领着球队完成了22连胜的后10场，场均贡献6.4次助攻。他是球队的实际组织者，这时你才发现，他的大局观在联盟摇摆人中同样出类拔萃。

第五个赛季，麦迪整整缺阵了47场比赛，并不得不在赛季末作壁上观，姚明独自率队杀入了西部半决赛。麦迪也是当年第一阵容五人组中唯一从未入选最佳防守阵容的球员，常规赛MVP票选中亦从未跻身前三。

2010年初被交易至尼克斯之后，渐渐沦为配角的他在纽约、底特律依然发挥自己的一切作用。不能得分了，他会传球；不能突破了，他能无球切入。他在老鹰的时候，居然能在季后赛中封盖勒布朗，打出关键表现。

2013年麦迪在经历一个CBA赛季后，火线加盟马刺，但圣安东尼奥人总决赛的意外败北，让麦迪的命运又多了一重悲怆。他依然能如16年前一样顺畅地运球，但脚步看起来拖沓笨重，他的膝盖经过微创手术，大概是失去了所有的爆发力。

2013年8月27日，麦迪在做客ESPN的"First Talk"节目时，宣布自己的篮球职业生涯正式结束。麦迪退役了，一切是那么出人意料，却又在情理之中。

他轻轻挥一挥手，不带走一片云彩。云淡风轻的初秋，适合离别。

麦迪辗转尼克斯、活塞、老鹰那几年，即使是沦为边缘替补，也偶露峥嵘，让我们依稀看到那个神采飞扬的巅峰"T-Mac"，然后他很快沉寂，甚至没有谢幕的表演。

我们也许还在纠结麦迪为何过早宣布退役，让开篇炫美无比的华章，没有一个完美的句点。可如今，一切都不再重要，也无须纠结。因为我们见证过青涩质朴的雏龙少年，见证过睥睨群雄的魔术王子，见证过挥斥方道的驭箭之帅，见证过仗剑天涯的落拓游侠，以及他那无数精彩绝伦的激情瞬间。

英雄迟早会白发，没有不老的战神，但他们留下的记忆之花却永不凋落。那些记忆伴随一代人的少年时光、青春岁月，成为永恒的印迹。

2017年9月9日，奈·史密斯篮球名人堂颁奖典礼，麦迪压轴登台。

15年NBA生涯，他7次入选全明星，收获2届得分王；35秒13分感动了上帝，更铭刻了一代人的青春。身披一号球衣的麦迪，名剑如霜，秋水出尘，不肯沾染半点凡尘。

他是全方位的球场天才，一如清奇飘逸的行吟诗人，随时随地挥洒锦绣。因为他有着不可思议的天赋，所以我们常常还幻想他有朝一日会驾着五彩祥云华丽归来……

当我们见证了他登上名人堂的那一刻，一切似乎圆满而无憾。

箭气长红　　　　　　　　　　休斯敦火箭将星录

大胡子 / 詹姆斯·哈登
James Harden

哈登的母亲蒙贾·威利斯给她的宝贝儿子起了个昵称叫"Lucky"。因为她两次流产之后，在生下她这个最小的孩子之前，她就认为，即便是刚出世，詹姆斯·哈登也会带来好运的。19年后，威利斯很自豪地看着自己的探花秀儿子以雷霆队得分后卫的身份第一次穿上了NBA的球衣。

"我为他高兴。"威利斯笑得合不拢嘴，"他很幸运能来到这里。"当然，这也是哈登过去认为自己能达到的高度，但是要达到这个高度永远是不确定的。"但是奉献精神、付出的时间成本、虔诚的祈祷和强大的动力让我一直待在球馆里，"哈登说，"而现在我来到这里了。"

上初中的时候，哈登就坚定了要成为一名职业球员的决心。他的母亲，过去一直在AT&T做维护管理员，也会提醒他要有个后备的计划，去参加一些课程，以便将来可以有一份工作。但是威利斯每次得到的都是儿子相同的回复："妈妈，我想打篮球。"最终，母亲允许并开始为儿子的梦想加油鼓劲。"好吧，"她说，"做那些你需要做的。"

不间断的训练，让哈登的婴儿肥很快消失了。他长得更高，提高并完善了那些高弧度的三分投射技术。他在高二的时候已经展示出他的天赋，当时他场均贡献13.2分，并帮助阿蒂西亚队取得28比5的大捷。在第三年获得州赛季冠军的那个赛季，他的贡献增至场均18.8分、7.7个篮板以及3.5次助攻。

高四赛季之前的夏天，在AAU（北美大学联盟）巡回赛的出色表现使他声名鹊起。然后，在高中的最后一年，他卫冕了州冠军。"我只是想进入大学，努力打球，并用尽我的全力。"哈登说，"大一时我就开始听到一些议论，人们认为我有一个乐透区新秀的潜力。我当时认为我还没准备好，所以我在大学第二年继续回到学校，而那样会让我变得更好。"

大二，他成了Pac-10（太平洋十联盟）的年度最佳球员，以场均20.1分成为联盟得分王。此后，NBA探花秀的尊荣也就水到渠成。

高中时，教练和队友对他的印象是"一个胖小伙，可以在内线扛，也可以投三分"。他始终坚持认为自己并不胜任控球后卫一职，但在最初两个星期的NBA生涯里，他却以控球后卫的姿态让NBA记住了他。2009年11月中旬，雷霆对快船的比赛中，哈登贡献了8次助攻，并帮助雷霆83比79击败了洛杉矶快船。8场比赛，他已经拿到了28次助攻，同时仅仅有5次失误，助攻失误比为5.6，着实令人惊艳。

"他有控球后卫的天赋，"杜兰特说道，"同时他也能胜任小前锋或者得分后卫。他是

- 詹姆斯·哈登（James Harden）
- 绰号：大胡子
- 出生日期：1989 年 8 月 26 日
- 身高：1.96 米 ●体重：100 公斤
- 生涯场均数据：23.8 分 5.2 个篮板 6.2 次助攻
- 球衣号码：13
- 效力火箭时间：2012 年至今
- 主要荣誉：1 届常规赛 MVP、6 届全明星、1 届得分王、1 届助攻王、3 届最佳阵容一阵、2012 年伦敦奥运会金牌、2014 年西班牙男篮世界杯冠军

一个出色的全能球员。他的到来很大程度上加深了我们的板凳深度。"

20岁的哈登,在亚利桑那州立大学从未打过控球后卫,但是他帮助母队赢得了很多艰难的比赛。雷霆总经理萨姆·普莱斯蒂在选择他时,看中的是他对球的处理能力,而并非他的投射能力。即使他还有些不成熟,偶尔在场上会勉强投篮,专家们还是对哈登充满信心,因为他在自己的第一个NBA赛季就表现出了难能可贵的少年老成。

良好的视野、侵略性、团队协作能力、手感不好时的突破能力——你能够想象这是怎样的菜鸟球员吗?哈登已经具备这些天赋和能力,接下来要做的就是如何将它们有机地结合在一起,把自己的效率最大化。

2011年季后赛,哈登第一次在季后赛中让人看到了他的特质。在季后赛中,他逐渐从年轻的板凳领袖变为雷霆球场上至关重要的球员。他很少被迫投篮,他每场比赛的投篮次数要少于11次,尽管他已经获得了30分钟以上的比赛时间。哈登继续在罚球线上赚取更多的分数,季后赛里他有超过80%的罚球命中率。他知道如何不浪费攻击机会。

西部决赛对阵小牛,哈登是雷霆阵中唯一一个在最后几分钟能够合理地处理球、破解小牛防守的人。当哈登被罚出去后,进攻瞬间就停止了。球迷们知道哈登在最后时刻必须在场,当别的球员看起来迷失的时候,只有哈登知道赢球的方式。

第五场雷霆虽然被逆转出局了,但哈登全部的能力得到了展现,他客串组织后卫,在必要时投篮,在大部分时间都能很好地促进队友得分。威斯布鲁克尝试接管进攻端,得到31分和4个进攻篮板。同时哈登以11投7中拿到23分,外加5个篮板和6次助攻。这两个年轻人的组合让小牛队没有了解决办法。

停摆之后进入缩水赛季,青春无敌的雷霆波翻浪涌。杜兰特精准如死神,威斯布鲁克跑跳如惊雷,而哈登则是最完美的黏合剂,长袖善舞,协调组织,既是进入轮换阵容后的抢分能手,又是雷霆充满骑士精神的大脑和思考者。于是,场均接近"15+5+5"的数据,让他荣膺最佳第六人毫无悬念,彼时,他还只是一个22岁的三年级球员。那个赛季的结局虽然不甚完美,但年轻的他们一路击溃小牛、湖人、马刺三大西区老牌豪强,最终闯入总决赛的壮举,无疑让人对"雷霆三少"充满信心。但这却已是哈登俄城生涯的终点。

加盟火箭的第一个赛季,哈登没有让人们失望。他在休斯敦前两场比赛里的表现远远超过了人们的预期,第一场拿到37分,紧接着又砍下华丽的45分。这个赛季,他场均贡献25.9分、5.8次助攻。此外他作为东道主球队的当家球星入选了休斯敦全明星赛,并带领火箭重返季后赛,让人们看到了火箭光明的未来。

然后,"超人"霍华德来了。人们对火箭的期望骤然升级,哈登身上的压力也瞬间飙升。这还不是最重要的,只有24岁、前一个赛季在得分榜高居第五的哈登,被媒体捧成了第一得分后卫。

哈登很出色，但以得分后卫的历史级标准来衡量时就是另外一回事了。于是苛刻的指责铺天盖地：他进攻手段太少，不适合做第一得分点；他打球缺乏观赏性；他太依赖裁判的哨子；顶着第一得分后卫的名号，他的防守实在是太烂了。

伴随着利拉德终场前0.9秒的绝命三分，阵容颇为豪华的火箭在2013/2014赛季季后赛首轮出局，哈登随即被推到更严酷的风口浪尖。

2016年夏天，火箭给了哈登一份4年1.18亿美元的合同——这在火箭队史上是空前的。随后麦克·德安东尼到来，这个旋风进攻狂魔一登场就宣布，他要让哈登打控卫。这种改变让哈登在赛场上的地位和境界提升到了绝对无法想象的地步。

2016/2017赛季，哈登减少了从前的个人单打，而是把自己融入火箭的战术体系之中，人随着整个体系运转，他个人的进攻如鱼得水，众多队友也因此而获益。正是因为有哈登掌控节奏，火箭队才能人尽其才，打出不输于金州勇士的流畅战术配合。但季后赛火箭憾负马刺，"失意"不可避免地成了贯穿哈登2016/2017赛季的一条主线。

2017年夏天，莫雷出手惊天大交易，换来克里斯·保罗，"灯泡组合"就此组成。

2017/2018赛季哈登场均砍下30.4分、5.4个篮板、8.8次助攻和1.8次抢断，荣膺得分王，并一路领跑常规赛MVP榜。更加难能可贵的是，火箭队在2017/2018赛季完成了三波10+连胜，最终以65胜17负的战绩力压勇士荣登榜首，创造火箭历史最佳战绩。

2018年季后赛，火箭先后击败森林狼、爵士，与勇士会师西部决赛。决赛鏖战七场，遗憾的是，火箭倒在距离总决赛一步之遥的地方。

错失总决赛，并不意味着这一季失败。2017/2018赛季是哈登人生中极具意义与分量的一季，他第一次率领球队登上了常规赛之巅，拿下了个人生涯的首个得分王和常规赛MVP，实现了自己多年以来的梦想。

2018/2019赛季，哈登更上一层楼，他要用实际行动去证明自己绝非只是顺境里的王牌，在球队真正陷入逆境之时，自己仍然可以独当一面。

2018年岁末，保罗因伤缺阵，单核率队的哈登呈现出匪夷所思的得分状态，从2018年12月中旬到2019年2月中旬，长达两个月里，哈登每一场得分从未低于30。连续30多场得分30+，令他超越麦迪（14场）、科比（17场）等，前面只有"上古大神"张伯伦（65场）。

谈到他的这一纪录时，哈登说道："能排在张伯伦身后感觉很棒，他有500多场得分30+的比赛。我只是努力继续前进，没什么可以阻挡我，没什么可以让我停下脚步。"

后撤步三分炉火纯青，内线突破无取予求，"虽千万人，吾往矣"的气概，哈登踏着蝴蝶穿花般的脚步，正稳步走在王者的庄康大道上。如果不出意外，常规赛MVP与得分王哈登依然会再拿一次，他已经不缺任何个人荣耀，夺取总冠军成为他唯一亟待实现的目标。

箭气长红
Houston Rockets
休斯敦火箭荣耀数据榜

退役球衣

HOUSTON ROCKETS

11 姚明
2002—2011

姚明在火箭队效力了八个赛季，在 2017 年火箭队退役了姚明的球衣。整个职业生涯姚明场均可以得到 19.0 分、9.2 个篮板、1.6 次助攻。因为姚明，很多中国球迷认识了 NBA，认识了火箭队。

22 克莱德·德雷克斯勒
1995—1998

将职业生涯前十一个赛季奉献给了开拓者后，荣誉等身独缺总冠军的"滑翔机"驾临休城，携手休斯敦大学校友"大梦"，近代 NBA 史上常规赛排位最低的总冠军由此诞生。德雷克斯勒的 22 号球衣先后在休斯敦大学、火箭和开拓者退役。如今，在火箭主场比赛的场边，经常可以见到一身西装侃侃而谈的德雷克斯勒。

火箭队标演变史

- 1967—1971 年队标
- 1971—1972 年队标
- 1972—1995 年队标
- 1995—2003 年队标
- 2003 年至今队标

23 卡尔文·墨菲
1970—1983

卡尔文·墨菲在火箭队效力了十四年，场均可以得到 17.9 分、2.1 个篮板、4.4 次助攻。作为入选名人堂的 NBA 巨星中"最迷你"的一位，墨菲也堪称"火箭之子"，他见证了火箭从圣迭戈搬迁到休斯敦的经过，生涯十三个赛季全部奉献给了火箭。身高仅为 1.75 米的他以速度和防守见长，更精于罚球。

24 摩西·马龙
1976—1982

马龙在火箭效力六个赛季，职业生涯场均可以得到 20.6 分、12.2 个篮板、1.4 次助攻。马龙打破了火箭在常规赛 MVP 这一奖项上 0 的空白。1976/1977 赛季初他被送至火箭，在此效力到 1982 年。从加盟火箭的第二个赛季起，他连续十二年入选全明星。1981 年率队闯入总决赛和"绿军"会师，是他火箭岁月的华彩篇章。